语言学及应用语言学名著译丛

言语行为

语言哲学论

[美] 约翰·R.塞尔 著

姜望琪 译

SPEECH ACTS

AN ESSAY IN THE PHILOSOPHY OF LANGUAGE

商务印书馆
The Commercial Press

This is a Simplified-Chinese translation of the following title published by Cambridge University Press:

Speech Acts: An Essay in the Philosophy of Language, 9780521096263
© Cambridge University Press 1969

This Simplified-Chinese translation for the People's Republic of China (excluding Hong Kong, Macau and Taiwan) is published by arrangement with the Press Syndicate of the University of Cambridge, Cambridge, United Kingdom.

© The Commercial Press, Ltd., 2023

This Simplified-Chinese translation is authorized for sale in the People's Republic of China (excluding Hong Kong, Macau and Taiwan) only. Unauthorized export of this Simplified-Chinese translation is a violation of the Copyright Act. No part of this publication may be reproduced or distributed by any means, or stored in a database or retrieval system, without the prior written permission of Cambridge University Press and The Commercial Press, Ltd.

根据英国剑桥大学出版社 1969 年英文版译出

Copies of this book sold without a Cambridge University Press sticker on the cover are unauthorized and illegal.
本书封面贴有 Cambridge University Press 防伪标签，无标签者不得销售。

此版本仅限在中华人民共和国境内（不包括香港、澳门特别行政区及台湾地区）销售。

作者简介

约翰·R. 塞尔（John R. Searle, 1932— ）

美国加州大学伯克利分校哲学教授，当今世界最著名、最具影响力的哲学家之一。1949年入威斯康星大学，1952年前往牛津大学深造，受到奥斯汀、斯特劳森等人指导。1959年于牛津大学获哲学博士学位，然后到美国加州大学伯克利分校任教。著述颇丰，是奥斯汀之后言语行为理论的最主要整理者和倡导者，为该理论的进一步发展做出了不可磨灭的贡献。

译者简介

姜望琪 北京大学外国语学院教授。1971年至1974年在北京大学西语系英语专业学习。毕业后,在西语系联合国资料组从事翻译工作近三年,受到朱光潜等先生指导。1977年到英国留学,1980年获利兹大学语言学硕士。此后,除了1989、1991年两度赴联合国教科文组织任笔译,一直在北京大学西语系(后改英语系、外国语学院语言所)任教。其间,1989年晋升副教授,2001年晋升教授,2002年被遴选为博导。

语言学及应用语言学名著译丛
专家委员会

顾　问　胡壮麟

委　员　（以姓氏笔画为序）

马秋武　　田海龙　　李瑞林

张　辉　　陈新仁　　封宗信

韩宝成　　程　工　　潘海华

总　　序

商务印书馆出版的"汉译世界学术名著丛书"在国内外久享盛名，其中语言学著作已有10种。考虑到语言学名著翻译有很大提升空间，商务印书馆英语编辑室在社领导支持下，于2017年2月14日召开"语言学名著译丛"研讨会，引介国外语言学名著的想法当即受到与会专家和老师的热烈支持。经过一年多的积极筹备和周密组织，在各校专家和教师的大力配合下，第一批已立项选题三十余种，且部分译稿已完成。现正式定名为"语言学及应用语言学名著译丛"，明年起将陆续出书。在此，谨向商务印书馆和各位编译专家及教师表示衷心祝贺。

从这套丛书的命名"语言学及应用语言学名著译丛"，不难看出，这是一项工程浩大的项目。这不是由出版社引进国外语言学名著、在国内进行原样翻印，而是需要译者和编辑做大量的工作。作为译丛，它要求将每部名著逐字逐句精心翻译。书中除正文外，尚有前言、鸣谢、目录、注释、图表、索引等都需要翻译。译者不仅仅承担翻译工作，而且要完成撰写译者前言、编写译者脚注，有条件者还要联系国外原作者为中文版写序。此外，为了确保同一专门译名全书译法一致，译者应另行准备一个译名对照表，并记下其在书中出现时的页码，等等。

本译丛对国内读者，特别是语言学专业的学生、教师和研究者，以及与语言学相融合的其他学科的师生，具有极高的学术价值。第一批遴选的三十余部专著已包括理论与方法、语音与音系、词法与句法、语义与语用、教育与学习、认知与大脑、话语与社会七大板块。这些都是国内外语言学科当前研究的基本内容,它涉及理论语言学、应用语言学、语音学、音系学、词汇学、句法学、语义学、语用学、教育语言学、认知语言学、心理语言学、社会语言学、话语语言学等。

尽管我本人所知有限,对丛书中的不少作者,我的第一反应还是如雷贯耳,如 Noam Chomsky、Philip Lieberman、Diane Larsen-Freeman、Otto Jespersen、Geoffrey Leech、John Lyons、Jack C. Richards、Norman Fairclough、Teun A. van Dijk、Paul Grice、Jan Blommaert、Joan Bybee 等著名语言学家。我深信,当他们的著作翻译成汉语后,将大大推进国内语言学科的研究和教学,特别是帮助国内非英语的外语专业和汉语专业的研究者、教师和学生理解和掌握国外的先进理论和研究动向,启发和促进国内语言学研究,推动和加强中外语言学界的学术交流。

第一批名著的编译者大都是国内有关学科的专家或权威。就我所知,有的已在生成语言学、布拉格学派、语义学、语音学、语用学、社会语言学、教育语言学、语言史、语言与文化等领域取得重大成就。显然,也只有他们才能挑起这一重担,胜任如此繁重任务。我谨向他们致以出自内心的敬意。

这些名著的原版出版者,在国际上素享盛誉,如 Mouton de Gruyter、Springer、Routledge、John Benjamins 等。更有不少是著名大学的出版社,如剑桥大学出版社、哈佛大学出版社、牛津大学出版社、MIT 出版社等。商务印书馆能昂首挺胸,与这些出版社策划洽谈出版此套丛书,令人钦佩。

万事开头难。我相信商务印书馆会不忘初心,坚持把"语言学及应用语言学名著译丛"的出版事业进行下去。除上述内容外,会将选题逐步扩大至比较语言学、计算语言学、机器翻译、生态语言学、语言政策和语言战略、翻译理论,以至法律语言学、商务语言学、外交语言学,等等。我也相信,该"名著译丛"的内涵,将从"英译汉"扩展至"外译汉"。我更期待,译丛将进一步包括"汉译英""汉译外",真正实现语言学的中外交流,相互观察和学习。商务印书馆将永远走在出版界的前列!

胡壮麟

北京大学蓝旗营寓所

2018 年 9 月

献给达格玛（Dagmar）

目　　录

前言 ··· xiii

第一部分　言语行为理论

第一章　方法与范围 ··· 3
1.1　语言哲学 ··· 3
1.2　语言性描述 ··· 4
1.3　语言性描述的'验证' ·· 12
1.4　为什么研究言语行为？ ··· 16
1.5　可表达性原则 ·· 19

第二章　表达式、意义、言语行为 ······································ 22
2.1　表达式及言语行为种类 ··· 22
2.2　述谓 ··· 26
2.3　作为言语行为的指称 ·· 27
2.4　命题 ··· 29
2.5　规则 ··· 34
2.6　意义 ··· 43
2.7　原始事实与机制事实之分 ··· 50

第三章　行事行为的结构 ··· 53
3.1　如何允诺——一种复杂的方式 ····································· 55
3.2　不真诚允诺 ··· 60

目 录

- 3.3 行事语力指示手段的使用规则 ················ 61
- 3.4 分析的延伸 ································ 63

第四章 作为言语行为的指称 ·························· 70
- 4.1 使用与提及 ································ 72
- 4.2 指称的公理 ································ 75
- 4.3 有定指称表达式的种类 ······················ 79
- 4.4 指称的必要条件 ···························· 80
- 4.5 辨认原则 ·································· 84
- 4.6 辨认原则的限制条件 ························ 87
- 4.7 辨认原则的一些后果 ························ 89
- 4.8 指称的规则 ································ 92

第五章 述谓 ·· 95
- 5.1 弗雷格论概念与对象 ························ 95
- 5.2 唯名论与共相的存在 ······················· 101
- 5.3 本体论责任 ······························· 104
- 5.4 命题的项理论 ····························· 111
- 5.5 述谓与共相 ······························· 117
- 5.6 述谓是言语行为吗？ ······················· 119
- 5.7 述谓规则 ································· 121

第二部分 理论的应用

第六章 当代哲学的三个谬误 ························ 127
- 6.1 自然主义谬误之谬误 ······················· 127
- 6.2 言语行为谬误 ····························· 132
- 6.3 断言谬误 ································· 136
- 6.4 谬误的根源——意义就是用法 ··············· 141

6.5 不同的解释 ·· 144
第七章 指称的问题 ·· 151
  7.1 摹状词理论 ·· 151
  7.2 专名 ·· 156
第八章 从"是"衍生"应该" ·· 168
  8.1 如何衍生 ·· 170
  8.2 所涉及问题的实质 ·· 175
  8.3 反对意见及答复 ·· 181

索引 ·· 191

前　言

首先，当然要感谢我的两位导师：奥斯汀（J. L. Austin）和斯特劳森（P. F. Strawson）。此外，我还想对众多读过本书手稿并提出宝贵意见或建议的同人表达谢意，尤其要感谢博伊德（Julian Boyd）、乔姆斯基（Noam Chomsky）、哈尼什（R. M. Harnish）、梅茨（Benson Mates）和斯卢加（Hans Sluga）。

本书的核心是我 1959 年在牛津大学提交的关于涵义与指称的博士论文。书中的一些观点曾在我的文章中发表过，因此，我要感谢《心智》（*Mind*）、《哲学评论》（*The Philosophical Review*）、《哲学百科全书》（*The Encyclopedia of Philosophy*）的主编，以及卢德里奇和基根·保罗（Routledge & Kegan Paul）、艾伦和昂温（Allen & Unwin）诸位先生，允许我再次使用其中的一些材料。

我还要感谢美国学术团体协会（American Council of Learned Societies）在 1963 至 1964 学年的资助，使我能研究有关的问题。感谢安德森（Ruth Anderson）小姐负责打字，哈尼什和沙皮拉（M. Shapira）编写索引，帕菲特（D. Parfit）帮助校对，基塔伊（R. B. Kitaj）设计封面。最重要的是，我要感谢我妻子一如既往的帮助和建议。

塞尔（J. R. S.）

第一部分
言语行为理论

提　　示

除了引用的文章，本书的双引号全都用于引语，单引号则用于'警示'。

第一章
方法与范围

1.1 语言哲学

语词是如何跟世界相连的？这种事情是怎么可能的——当一个说话人面对听话人发出一些声音，就会出现这样惊人的事情：说话人表达了某种意义；他发出的声音表示某种意义；听话人理解了这个意义；说话人做出了陈述，提出了问题，或者发布了命令？例如，当我说"琼斯回家了"（这在某种意义上毕竟只是一串声音），它怎么就能表示"琼斯回家了"这个意义？说某句话并表示其意义和说某句话却不表示其意义，两者之间有什么区别？怎么才能只表示某种特定的意义，而不表示其他意义？例如，为什么当人们说"琼斯回家了"，他们几乎总是表示"琼斯回家了"，而不是"布朗去晚会了"或"格林喝醉了"？还有，我说某句话时所表示的意义和这句话本身所表示的意义（不管是否有人说它）之间是什么关系？语词如何代表事物？一串有意义的语词和一串无意义的语词之间有什么区别？某事怎么可能为真，抑或为假？

这些问题是语言哲学的主题。我们绝不能认定我所提出的这种形式的问题甚至是说得通的。但是，这些问题在某种形式上一定是说得通的。这是因为，我们的确知道：人们确实交流信息；他们确实说一些事情，而且有时候表示他们所说的意思；至少在某些时候，他们是能被理解的；他们提出问题，发布命令，做出允诺，表达歉意；人们的话语确实以某种我们可以描写的方式跟世界相连，我们可以把这些话语描述为真、为假、无意义、愚蠢、夸张，等等。如果这些事情确实发生了，那么这些事情自然就有可能发生；而如果它们有可能发生，那么就应该可以提出和回答探讨这种可能性的问题。

我区分语言哲学（the philosophy of language）和语言学哲学（linguistic philosophy）。语言学哲学试图通过讨论特定语言的特定语词或其他成分的日常用法来解决特定的哲学问题。语言哲学则试图对语言的某些一般特征如指称、真值、意义、必然性等做出有哲学启示的描写，它只会偶然关注一下特定语言的特定成分，尽管其研究方法（经验的、理性的，而不是先验的、思辨的）自然会迫使它严密注视实际自然语言的事实。

"语言学哲学"主要是一种方法的名称；"语言哲学"则是一门学科的名称。尽管我有时会应用语言学哲学的方法，但是，本书是语言哲学论文，不是语言学哲学论文。

本书不是语言学论文。语言学试图描写人类自然语言的实际结构——音系的、句法的、语义的。语言哲学的'语料'通常来自人类自然语言，但是，很多结论，如，关于什么是真的，什么是陈述，或什么是允诺的结论，如果有效，应该适用于任何可能的语言，有能力产出真相、陈述、允诺的语言。在这个意义上，本论著总的来说不是关于具体语言如法语、英语、斯瓦希里语的，而是关于抽象语言的。

1.2 语言性描述

我将通过研究我所谓的言语行为、语言性行为或语言行为来探讨语言哲学中的这些问题。采用这种路径的理由将会慢慢明朗。这一节和下一节，我先设法解释（并证明其正当性）我将在研究中应用的方法。

研究过程中，我将发表很多关于语言的论述。大致说，这些论述大多数属于以下两类。第一，我将对语言成分做出**描述**①（characterization）。例如，我将说如此这般的表达式是用来指称的，如此这般的词语组合是说不通的，或如此这般的命题是分析性的。有时用于描述的术语是我杜撰的。如果给这种论述起个名字，可以称为**语言性描述**（linguistic characterization）。第二，我将对语言性描述中记录的事实做出解释和概括。例如，我将说，我们不说如此这般的话，因为有规则有这样的规定。我们可以将这些陈述叫作**语言性解释**（linguistic explanation）。这种区分不是截然分明或无懈可击的，但是已满足了当前的需要。

然而，很自然会出现的问题是：我如何知道我将要说的是真的。哲学家在这个问题上的困惑倾向于集中在语言性描述上，它有两种形式：第一，人们对应用"分析性的"（analytic）、"有意义的"（meaningful）、"同义的"（synonymous）之类术语的标准有很多疑惑。②第二，对如何**验证**关于语言的陈述有普遍的疑惑。③这两种形式的疑惑是有联系的，我将逐一讨论。在有争议的描述性术语中，"分析性的""同义的"受到了最多的关注，因此，我将首先讨论这两个术语，尽管双方的论证形式同样适用于其他术语。

常常有人提出，我们对分析性概念缺乏恰当的分析，因此，我们缺乏恰当的标准来决定一个陈述是否是分析性的。有人进一步提出，由于缺乏这种分析和标准，我们甚至不能准确理解这个词语，所以这个概念本身是不合法的、有缺陷的、不连贯的、非经验的，等等。这种形式的论证——我们对概念 C 缺乏分析和标准，所以我们不能准确理解 C，在我们有能

---

① 黑体字原文为斜体，下同。——译者

② 例如，参见 W. Quine, 'Two dogmas of empiricism', *Philosophical Review,* January (1951); 重印见 W. Quine, *From a Logical Point of View* (Cambridge, 1961); Morton White, 'The analytic and synthetic, an untenable dualism', in L. Linsky, (ed.) *Semantics and the Philosophy of Language* (Urbana, 1952)。

③ 例如，参见 B. Mates, 'On the verification of statements about ordinary language', *Inquiry,* vol. 1 (1958); 重印见 V. C. Chappell (ed.), *Ordinary Language* (Englewood Cliffs, 1964)。

力为 C 提供分析和标准以前，它就有点（或在某些方面）不合法——经常出现在战后分析哲学家的著述中，因此值得细细检查。

先得申明，只是说我们缺乏分析性或同义性的标准是不行的。在讨论中所用到的（有些奇怪的）"标准"的意义上，我们能够为这些术语给出定义，而这些定义提供了某种标准。同义性的定义是，两个词是同义的，当且仅当它们具有同样的意义；分析性的定义是，一个陈述是分析性的，当且仅当根据其意义或定义它为真。这样的定义恰恰是人们会提供给根本不认识这些词，又想知道其意义的人的定义。无疑，从教学的角度看，这种定义需要有例证补充，以便学生能掌握运用这些词语的技巧。但是，我们提供的标准是非常清楚的：如果你想知道两个词是否同义，就问问你自己它们是否表示同样的意义。如果你想知道一个陈述是否是分析性的，就问问你自己是否根据其定义或意义它为真。

然而，有人说，这种定义没有用处，因为它们依赖意义概念，而意义概念同样是没有得到解释的，同样是需要加以阐明的，就像同义性、分析性概念一样。我们所需要的是相当不同的标准——外延的、形式的或行为的；我们需要某种方式，例如，通过对句子实施机械操作，或通过观察说话人的行为，使我们能够决定一个陈述是否是分析性的。用同样困惑的概念简单地换说是不行的；我们所需要的是对分析性、同义性的客观测试。正是因为缺乏这类测试，人们才认为这些概念有缺陷。

最近几年，很多人做了应对这种反对意见的尝试。在此，我不想应对反对意见，只想论证这些反对意见的基础是某些普遍的错误的认定，它涉及我们对观念的理解和我们是否有能力提供某种应用此观念的标准之间的关系。

首先，让我们提供一个拟议中的标准，看看到底有什么不合适。假设，我们的分析性标准如下：一个陈述是分析性的，当且仅当表达这个陈述的句子的第一个词以字母"A"开头。这个标准具备分析性观念反对者所要求的一切形式主义的客观性；但是，我认为论战各方都会同意，它分明是荒谬的。为什么它是荒谬的？我们都知道它是荒谬的，因为我们知道在特定场合表达陈述的句子的第一个词的第一个字母和这个陈述的分析性没有任何关系；而且，如果被追问理由的话，我们可以提供无数分析性陈述的例子，它们不是以字母"A"开头的，和无数以字母"A"开头的非分析性陈述。我们甚至可以进一步指出，这个标准将导致荒谬的结果：同样的陈述可以既是分析性的，又是非分析性的，当它被不同句子表达的时候（如，在不同语言里）。总之，这个标准就像所有其他至今提出的分析性外延标准一样，是不行的。但是，现在当我们知道该标准不合适，并有能力给出其不合适的理由时，一个自然产生的问题是：这种知识是如何得来的？的确，我们怎么甚至会知道我们给出的理由跟该问题有关？作为答复，我想提出并展开下列建议。我们知道这些事情，恰恰是因为我们知道"分析性的"这个词的意义；如果我们不知道"分析性的"表示的意义，我们就不可能知道这些。我们知道是什么因素影响了把一个陈述描述为分析性的，抑或非分析性的，而拼写并不是其中之一。但是，知道一个词的意义涉及的正是这种知识，事实上这种知识构成了知道一个词的意思。我们找不到拟议中的标准，远非说明我们不理解"分析性"这个概念，相反，它恰恰预设了我们确实理解这个概念。如果我们不理解这个概念，我们就不可能开始我们的研究，正是由于这种理解，我们才有可能评估拟议中的标准是否合适。

任何关于分析性的标准必须根据其给出结果的能力进行判断。例如，它必须能给出这样的结果："我儿子现在在吃苹果"这个陈述不是分析性的，而"长方形有四条边"是分析性的。任何熟悉这些术语的人都有能力不断增加这类例子，这种能力构成了对"分析性的"意义的理解，事实上，对说明"分析性的"形式标准的追求预设了这种能力。我之所以选择"长方形有四条边"和"我儿子现在在吃苹果"这两个例子，是因为我从没见别人在分析/综合讨论中用过它们。我选择它们是为了说明，评判"分析性的"概念的拟议中的标准合适与否的条件是**投射性**（projective）

的。"分析性的"指谓的不是一类封闭的陈述，它不是一长串名单的缩略，而是一如其他一般性术语，具有投射的可能性。我们知道如何把它应用于新的案例。①

然后，我们测试拟议中的标准，不仅看其能否为某些熟知的例子（如"所有的单身汉都是未婚的"）分类，而且核实其投射能力是否和"分析性的"一样，所有这一切都同样预设对一般性术语"分析性的"之理解。

因此，这是某些同义性、分析性观念的反对意见的悖论性特征：这些反对意见只会拥有其作者意图它们拥有的语力，如果同义性、分析性观念能被恰当地理解这一点得到预设的话。我将进一步说明这个观点。蒯因（Quine）在反对分析性时说，"我不知道'所有绿色的东西都是能延伸的'是否是分析性的。"② 他竟然选择这个例子，这是很说明问题的。他没有说"我不知道'眼科医生（oculist）是负责眼睛的医生（eye doctor）'是否是分析性的"这样的话，也没有说"我不知道'现在在下雨'是否是分析性的"。换言之，他选的例子是边缘案例（borderline case）。这是边缘案例，因为（譬如说）有人主张存在感觉与料（sense data）这样的东西，它们可以是绿色的，但是，他们否认感觉与料在空间上是可以延伸的。这个例子之所以有效，恰恰是因为这是个边缘案例。我们没有完全的信心把它归为分析性的或非分析性的。③ 但是，我们承认这是个令人困惑的案例，这一点都不说明我们没有合适的分析性观念，反而正好倾向于证明其反面。我们不可能把一个概念的边缘案例辨认为边缘案例，如果我们没有首先掌握这个概念。这就像测试一个人是否掌握**绿色的**概念时，他对是否把它应用于沙特勒兹修道院（Chartreuse）的玻璃有疑惑，但却毫不犹豫

---

① 有关这个投射性质的重要性，更多的信息参见 P. Grice and P. F. Strawson, 'In defense of a dogma', *Philosophical Review* (April 1965).

② W. Quine, 见前引书第 32 页。

③ 问题不是简单的它不可能**为真**，如格莱斯和斯特劳森（Grice and Strawson，前引书第 153 页）指出的，而是不清楚我们应该怎么解释这种现象。

地把它应用于健康的草坪，或不把它用于新鲜的白雪。我也不能肯定"所有绿色的东西都是能延伸的"是分析性的，这就是证据（虽然只是证据而已），证明我也很好地理解了分析性概念。

另一位作者[①]讨论同义性时曾提出了一种分析，结论是没有两个词是完全同义的。[②] 例如，他说，既然"负责眼睛的医生不是眼科医生"这个表达式可以被认为是对"负责眼睛的医生"的描写，不是对"眼科医生"的描写，这说明"负责眼睛的医生"的"次级延伸"中有些东西是"眼科医生"所没有的。[③] 而且，既然可以就任何成对的词语说类似的话，那么，他主张没有两个不同的词可以拥有"完全一样的意义"。[④] 但是，现在我们来思考一下这样的论点到底证明了什么。它说明关于次级延伸的这种事实跟两个词语是否同义，根本没有关系这难道不是很清楚吗？寻找同义性标准的起点，是（而且必须是）这样的事实："眼科医生"就是"负责眼睛的医生"的意思。同义性概念之类的延伸标准首先得经过核实，保证它能给出正确的结果，否则所选的标准就是武断的、不正当的。拟议中的

[①] N. Goodman, 'On likeness of something', *Analysis* (October 1949). 修订版见 L. Linsky (ed.), *Semantics and the Philosophy of Language* (Urbana, 1952)。

[②] 我觉得，蒯因和古德曼（Goodman）在我引用的两篇经典文章后的著述中都修订了他们的立场，他们今天持有的观点不可能和这些文章中阐述的完全一样。但是，我在此关注的不是他们作为个体哲学家的思想发展，而是这两篇文章作为熟知的有力例证所代表的一种哲学分析模式。

不幸的是，有些改动似乎并不代表改进。蒯因提出了如下的"刺激分析性"（stimulus analyticity）定义："如果一个被试在每次刺激之后（在一定时间限度内）都对一个句子表示同意，否则什么都不同意，那么，对他来说，这个句子就是刺激分析性的"（*Word and Object*, Cambridge 1960, p. 55）。那样的话，对我们大多数人来说，可能就没有刺激分析性句子了。因为，如果这种刺激包括枪指着脑袋，及"不要同意'所有的单身汉都是未婚的'，否则我就把你的脑浆打出来"这样的命令，那么，只有英雄才会说"同意"。语义信息只是众多影响人们同意或不同意一句话的因素中的一个，因此，是否有意向同意本身不能为界定语义观念提供依据。

[③] 所选的这对词语是我的例子，但是，说明了他的论点。

[④] Linsky (ed.), 前引书第 74 页。

这个标准没有给出正确的结果，也没有先验的理由说明它为什么应该这样，所以，我们必须放弃。

"眼科医生"就是"负责眼睛的医生"这个主张不需要满足哲学家可能提出的同义词标准，相反，任何拟议中的同义词标准都必须符合这样的事实——"负责眼睛的医生"跟"眼科医生"同义。操弄**确实性**（exactness）观念也不会有什么帮助；因为，如维特根斯坦[①]指出的，确实性跟目的有关；而相对于我们应用同义词的目的，"眼科医生"确实跟"负责眼睛的医生"同义。例如，我的孩子知道"eye doctor"（负责眼睛的医生）的意思，但是，不知道"oculist"（眼科医生）的意思，他问我"oculist 是什么意思？"，我告诉他"oculist 就是负责眼睛的医生"。我难道没有告诉他确实想知道的东西吗？

事实上，我认为分析性、同义性观念不是非常有用的哲学工具。边缘案例太多，明确界定的例子又太少。就分析性而言，其外延中包含了太多的命题，太多没有答案的问题（如，算术陈述真的是分析性的典范，可以称为"分析性的"吗？），以致这个术语只能是非常笨拙的哲学分析的工具。但是，发现其笨拙性以及随后对其用处的疑惑，同样都预设对该概念的掌握，对分析性命题与非分析性命题之间区分的掌握。

总之，这种形式的争论涉及一个使用中的概念，人们普遍认为其可应用性具有投射性，并且因为缺乏某种关于其可应用性的标准而认为它有缺陷；这种争论本身永远不能确定该概念不能被理解，抑或不合理。这种争论能证明的，最多是要提出拟议中的标准是不合适的。

这些反对意见背后的默认意识形态似乎是，非外延式的说明根本就不是说明，任何不能外延式地说明的概念都是有缺陷的。我的观点是，这种形式的争论是自我击败的。如果你对什么构成成功或失败没有认识，你就不可能知道一个给定的外延式标准失败了。然而，拥有这种认识一般来说

---

① Ludwig Wittgenstein, *Philosophical Investigation* (New York, 1953), para. 88.

就是理解了这个概念。

当然，我并不是说我们不可能以任何方式证明，被人们一致认为具有投射性的概念，其使用是有缺陷的。例如，一个部落可能同意某人是巫婆，某人不是巫婆，但是我们仍然可以证明他们的谈话在很多方面是不清楚的、非经验的。不过，问题是怎么才能实际做到这一点。例如，我们可能必须找出他们用"巫婆"表示的意思，然后说明他们用来确定谁是巫婆的实际测试是什么，如，一个老年女人被线人指责为巫婆，但是他们没法证明她真的是巫婆，即她拥有"巫婆"这个词的意义所包含的各种超自然的能力。

同样，人们有时候向别人解释，一个命题他曾认为是分析性的，实际上却不是；或者一对表达式他曾认为是同义的，事实上却不是。不过，问题还是怎么才能实际上做到这一点。例如，当一个哲学初学者说"'X很好'的意思是'我喜欢X'"时，要证明他错了，人们会引用这样一些例子——人们喜欢一些东西，却不会说它们很好；或者证明有些词汇形式表达的意思说得通，但如果"X很好"就是"我喜欢X"，它们就说不通，如，"我喜欢这个，但是它真的很好吗？"下一节再探讨这种讨论的学术根基。

作为英语本族语说话人，我知道"oculist"确实跟"eye doctor"同义，"bank"（银行/河岸）（至少）有两个意义，"cat"（猫）是个名词，"oxygen"（氧气）没有歧义，"Shakespeare was a better playwright than poet"（莎士比亚与其说是诗人，不如说是剧作家）意义丰富，"the slithy toves did gyre"[①] 没有意义，"The cat is on the mat"（猫在垫子上）是个句子，等等。然而，我没有同义性、歧义性、名词性、意义丰富性、句子性

[①] 这句出自刘易斯·卡罗尔（Lewis Carroll，真名 Charles Lutwidge Dodgson，1832—1898）之手。他在童话故事《爱丽丝漫游仙境》（*Alice in Wonderland*）的续集《爱丽丝镜中奇遇》（*Through the Looking Glass*）中编了一首无理诗《贾巴沃克》（Jabberwocky），开始两行是"'Twas brillig, and the slithy toves / Did gyre and gimble in the wabe"。——译者

的操作标准。而且，这些概念的任何标准必须和我的（我们的）知识相一致，否则就是不合适的，必须被抛弃。因此，这项研究的起点，是我们知道这些关于语言的事实，它和是否有能力提供人们偏好的关于这些知识的标准是两回事。

对标准的求助预设了标准的合适性，而这种合适性是只能用上述类型的例子对标准进行测试后才能确定的。重点不是，语言性描述中提出的主张如果没有偏好的标准就不能被证明正当，而是如果没有语言性描述中表达的前期知识，任何拟议中的标准都不能被证明正当。

当然，我这么说并不是要贬低探寻标准这个计划。实际上，我认为经过恰当的识解，为这些概念探寻标准的尝试事实上就是说明这些概念的尝试，我认为这是哲学的中心任务之一。我现时唯一想说的是，当某些偏好的说明模式不能解释某些概念时，必须被抛弃的是这些模式，而不是这些概念。

1.3 语言性描述的'验证'

我此前的论述一直围绕先前的问题展开：我是怎么知道这些我声称知道的关于语言的东西的？即使认定我不需要引用某种标准来支撑我的直觉，难道它们就不需要某种支撑吗，如果它们要被证明合理的话？我可以提供什么样的解释、说明或正当理由来支持我的主张——如此这般的词语串是句子，或"oculist"表示"负责眼睛的医生"，或"女人性别为女"是分析性地为真的？总之，如何验证这种主张？这些问题会变得特别紧迫，如果它们被认为表达了下述深层问题："难道不是这种情况吗——所有这些知识如果真的合理的话，就必须以人类语言行为的经验检验为基础？"除非我们对英语说话人的言语行为做一个真正彻底的统计调查，从而发现他们事实上如何使用词语，否则我们怎么知道这些事情？在这样的调查完成之前，所有这些讨论难道不只是前科学的推测吗？

为了应对这些挑战，我想提出并展开下述建议。说一种语言是在从事一种（高度复杂的）受规则管控的行为。学习、掌握一门语言（主要）是学习、掌握这些规则。这是哲学界、语言学界为人熟知的一种观点，但是人们并不总能完全认识其意义。就当前讨论而言，其意义是，当我作为本族语说话人做出上述例证的语言性描述时，我不是在报告一群人的行为，而是在描写我掌握的受规则管控的一些技巧。而且，这也是重要的，既然语言性描述（如果用的也是被描述的成分的语言）本身就是符合规则的话语，那么这种描述就显现了这种掌握。①

通过反思语言成分，我可以提供这样的语言性描述：它们不记录特定的话语，而具有通用的性质，是从成分是受规则管控的事实衍生出来的。我为自己在语言性描述中表达的语言直觉的'辩护'，只是我是某种英语方言的本族语说话人，所以我掌握了该方言的规则，这种掌握在我对该方言成分的语言性描述中既得到了部分描写，也得到了显现。对"你是怎么知道的？"这个问题（如，"女人性别为女"是分析性的），我能提供的唯一回应是提供其他的语言性描述（如，"女人"表示成年女性人类），或者，如果被持续的"你怎么知道"问题完全推到语言性描述之外，我会说"因为我说英语"。

这是可能的（但不等于自相矛盾）——我所谓的方言组里的其他人内化了不同的规则，所以我的语言性描述会和他们的不一致。但是，这是不可能的——我对自己话语的语言性描述，即上文例示的那种，是基于不充分经验数据的虚假的统计概括，因为它们根本就不是统计的，也不是其他的经验概括。我的个人语跟特定的方言组吻合，这的确是个经验假设（对此我有一生的'证据'），但是，在我的个人语中"oculist"表示"负责眼睛的医生"这个事实不会被别人的行为证据驳倒（尽管如果我发现自己

---

① 当然，也有其他种类的语言性描述，对于它们这个描写不成立，如"美国人一般每天讲说 2,432 个词"。这是对群体言语行为的经验概括，我现在不关注这类语言性描述。

的规则和别人的不一致时,我会改变自己的规则,和大家保持一致)。总之,我有可能知道,并有能力陈述我们正在讨论的语言性描述中记录的这种事实,而不需要遵循某些正统的经验验证的范例,这一点可以解释如下。我的说话能力包括掌握一套规则系统,使我有能力规范地有条理地使用语言成分。通过反思我使用语言成分的方法,我能够知道记录在语言性描述中的事实。而且,那些语言性描述具有概括性,超越所讨论的成分的某个具体用法;因为规则保证了概括性,这些描述甚至不需要以大量成分实例为基础,就连有统计意义的样本也不需要。

14　　类比:我知道在棒球赛中击球手击中界内球后,要朝一垒方向奔跑,而不是朝三垒,或朝左外野大看台奔跑。这是一种什么样的知识?它以什么为基础?它怎么成为可能?请注意,这是一种一般性常识,不局限于某个具体的跑垒行为。我从来没有研究过,甚至没有看见别人研究过跑垒行为,我也从来没有在书中查阅过跑垒行为。而且,我知道如果一本书(甚至如果是规则手册)描写了相反的情形,那么它就是错的,或者描写的是另一种游戏之类的。我的知识源自我知道如何打棒球,特别是内化了一套规则。我想说我的语言性描述知识与这是类似的。

如果这是正确的,那么,对哲学家的问题"如果……,我们会说什么?"的答复,不会是关于将来的言语行为的预测,而是在规则系统内关于意图的假设性陈述,这时所掌握的规则将决定具体的答案(当然,要是规则和问题都足够明确,能够决定答案的话,尽管这种条件并不是总能满足的)。

按照这种观点,语言性描述不可能没有错误;众所周知,说话人的直觉可能有误。要描述一个人的语言技巧并不总是容易的,而在这些情况下语言性描述涉及技巧,这将使事情更加复杂。[1] 正确地表述此前存在并

---

[1] 诺姆·乔姆斯基的《句法理论面面观》(*Aspects of the Theory of Syntax*, Cambridge, 1965)第21至24页在稍有不同的语境下提出了类似的观点。

独立于表述的知识还有一个普遍的困难：**把知道如何**（knowing how）转变为**知道那个**（knowing that）的困难。在一个重要意义上，我们都知道"cause"（导致）、"intend"（意图）、"mean"（示意）是什么意思，但是要确切**陈述**它们的意思却不容易。我们会犯的错误，我在本书中会犯的语言性描述方面的错误，可能会是由于没有讨论足够多的例子，或错误地描写了所讨论的例子，更不用提粗心大意、不够敏感、感觉迟钝，等等；但是，重复一遍，它们不是由于过于匆忙的概括，缺乏充分的所讨论群体的言语行为的经验数据，因为不会有这种概括，也不会有这种数据。

我们需要区分（a）谈话，（b）描述谈话，（c）解释谈话，就像区分，如（a）"That's an apple"（那是苹果），（b）"'Apple' is a noun"（Apple是名词），（c）"The rule for the indefinite article preceding a noun beginning with a vowel requires an 'n' as in 'an apple'"（用于元音开头的名词前的不定冠词按规则要加"n"，就像"an apple"）。（b）和（c）分别是语言性描述和解释。我一直在强调有能力做（a）是做（b）的基础，事实上它解释了为什么可能有（b）类陈述里的知识。记录在（b）类陈述里的（a）类语料，是通过（c）类解释得到解释的。围绕（b）类陈述的哲学纷争促使我讨论它们的认知地位。但是，（c）类陈述没有引起这样的纠纷，所以关于它们我就什么也不说了，除了它们受到任何解释（不管是在确切科学，还是其他领域）通常都受到的（模糊表达并难于说明的）限制。和一切解释一样，要有用处，它们就必须说明语料，它们一定不能跟其他语料冲突，它们还必须有这样一些模糊地界定的特征——简单性、概括性、可测性。

所以，在我们这个极端精致的方法论时代，本书采用的方法一定显得简单得可笑。我是一种语言的本族语说话人。我想就自己使用该语言成分的情况提出一些描述和解释。我现在依赖的假设是，有些规则是我所使用的语言成分的基础。因此，我将通过制定基础规则的方法提出语言性描述，然后解释这些描述中用到的语料。

这个方法，如我一直强调的，非常依赖本族语说话人的直觉。但是，我读过的所有语言哲学论述，甚至最行为主义、经验论作者的作品，都同样依赖说话人的直觉。事实上，我们很难发现情况怎么可能不一样，因为如果前后一贯的话，那么既然真的要求我证明我的直觉——"单身汉"表示"未婚男子"，就也会要求我证明我的直觉——"单身汉"的每一次使用都意义一样。这种直觉的确可以被证明正当，但是，只有依靠其他的直觉才能做到。

1.4 为什么研究言语行为？

上一节说，我假设，说一种语言就是从事一种规则管控的行为。我不想证明这个假设，我提出这种假设只是为了解释为什么例示的这种语言性描述中所表达的知识是可能的。在某种意义上，本书全都可以看作一种探索，以详细阐明该假设所蕴涵的意义，并以此测试该假设。这个程序没有任何循环，因为我只是用语言是规则管控的有意行为这个假设解释为什么语言性描述是可能的，不是要为语言性描述提供证据。该假设采用的形式是，说一种语言就是实施言语行为，就是做陈述、发命令、提问题、做允诺，等等；更抽象地说，就是实施指称和述谓行为；其次，这些行为一般来说是由语言成分的使用规则成就的，并且按照这些规则实施的。

集中精力研究言语行为的理由很简单：所有语言交际都涉及语言行为。语言交际的单位不是一般所谓的符号、语词、句子，甚至不是符号、语词、句子的实例，而是实施言语行为时产出或发出的符号、语词、句子。把实例作为信息就是把它作为产出或发出的实例。更确切地说，在一定的条件下产出或发出一个句子实例，就是一个言语行为，（下文将解释的某种）言语行为是语言交际的基本单位、最小单位。理解这个观点的方法，就是问问自己：把一个物体看作语言交际的示例和不看作示例有什么区别？一个关键的区别是——当我把一个声音或纸上的符号看作语言交际的示例时，看作信息时，我必须认定的一点是，该声音或符号是由多少有点类似我自己的一个（或一群）生物产出的，并带有某种意图。如果我把该声音或符号看作自然现象，如林中的风或纸上的污点，我就会把它排除在语言交际之外，即使该声音或符号很像说出或写出的词语。而且，我不仅要把该声音或符号看作有意行为的产物，还必须认定该意图是言语行为所特有的特殊的一类。例如，我们有可能通过把家具按某种特定方式排列进行交际。人们对这种家具排列的态度，如果得到'理解'的话，会非常不同于我对自己房间的家具排列的态度，即使这两种情况下我都把这种排列看成是有意行为的结果。只有某种特定的意图才适合我称之为言语行为的行为。（这些意图将在第二章讨论。）

　　有人可能反对上述路径，认为这种研究的对象是语言理论和行为理论的交叉点。不过，我的答复是，如果我对语言的认识是正确的，语言理论就是行为理论的一部分，因为说话就是一种规则管控的行为。然而，因为受到规则管控，它就有允许独立研究的形式特征。但是，纯粹研究形式特征，不研究这些形式在言语行为中的作用，就像研究货币和经济信用体系的形式，不研究它们在经济交易中的作用。研究语言时不研究言语行为，仍然可以有很多内容，但是这种纯粹形式的理论肯定是不完整的。这就像研究棒球时，只将其作为形式规则系统，而不是作为游戏。

　　仍然有人会觉得，我的路径用索绪尔（Saussure）的术语，只是"言语"（parole）研究，而不是"语言"（langue）研究。然而，我要说的是，对言语行为的恰当研究就是研究**语言**。有一个重要理由证明这是真的，它超越了交际必然涉及言语行为这个主张。我认为这是关于语言的一个分析性真理——凡能被示意者皆能被言说。一个给定语言的句法或词汇可能不够丰富，使我不能用这种语言说出我想表示的意思，但是，原则上讲不会有障碍妨碍我完善这种先天不足的语言，或用一种更丰富的语言说出我的意思。

　　因此，不存在两种不可调和的不同的语义研究：一种研究句子的意义，一种研究言语行为的实施。句子意义这个观念的一部分，是该句子在一定语境中表达该意义的字面讲说就是实施一种特定言语行为；同样，言语行为概念的一部分，是存在一个（或一些）可能的句子，其在一定语境中的讲说由于其意义而构成该言语行为的实施。

讲说一个句子时实施的言语行为一般是该句子意义的函项。句子意义不会在所有情况下都独特地决定该句子的给定讲说所实施的言语行为，因为说话人表示的意思可能比他实际说的要多，但是，原则上他总是有可能确切地说出他想表示的意思。因此，原则上人们实施（或可能实施）的每一个言语行为都可能是由给定的句子（或句群）独特地决定的，要是认定说话人按字面说话，并且语境合适的话。由于这些原因，句子意义的研究原则上不是不同于言语行为的研究。正确识解的话，它们是同一种研究。既然每一个有意义的句子都由于其意义而可以用于实施一种特定的言语行为（或一组言语行为），既然每一个可能的言语行为都可以在原则上由一个句子（或一组句子）给与精确的表述（假定语境合适的话），句子意义研究和言语行为研究就不是两项独立的研究，而是从两个角度进行的一项研究。

当代语言哲学研究至少可以分成两个支派：一支集中研究言语情景中的表达式的用法，一支集中研究句子的意义。这两种路径的研究者有时候似乎认为两者是不可协调的，历史上它们曾经联系于互不协调的两种意义观这一事实至少助长了两派不可协调的论调。例如，维特根斯坦的早期研究属于第二个分支，其意义观被他后期的研究（属于第一分支）否定了。尽管历史上这两种路径的研究者之间曾经有尖锐的分歧，但是，重要的是，要认识到这两种路径不是理论差别，只是研究方法不同；它们是互补的，不是对抗的。第二种路径的典型问题是"句子成分的意义如何决定整个句子的意义？"[1] 第一种路径的典型问题是"说话人讲说表达式时实施

---

[1] 参阅 J. Katz, *The Philosophy of Language* (New York, 1966)。

了什么不同的言语行为？"[1] 这两个问题的答案都是完整的语言哲学所必需的，更重要的是，这两个问题是必然相关的。它们有关联，因为相对于每一个可能的言语行为，都有一个（或一组）可能的句子，它们在特定语境下的字面讲说构成该言语行为的实施。

1.5 可表达性原则

凡能被示意者皆能被言说这条原则，我称之为"可表达性原则"（principle of expressibility）。该原则对于本书下文的论证非常重要，我必须简要阐述一下，特别是因为人们可能误解它，致使其为假。

我们常常比实际言说的示意更多。如果你问我，"你去看电影吗？"我可能回答"是的"；但是，如语境所表明的，我的意思是"是的，我去看电影"，而不是"是的，天气很好"，或"是的，我们没有香蕉了"。同样，我可能说"我会来"，并表示这是允诺来的意思，即其意思如同我说"我允诺我来"，如果我讲说了该句子，并按字面示意我所言说的。在这种情况下，即使我没有确切地言说我所示意者，我总是有可能这么做的——如果听话人有可能不理解我的意思，我就会这么做。但是，我常常不能确切地言说我所示意者，即使我有这个想法，因为我对这种语言懂得不够多，不能言说我所示意者（比如，如果我说的是西班牙语的话）；或者更糟，因为这种语言可能没有言说我所示意者的词汇或其他手段。但是，即使是在这种情况下——我事实上不可能确切地言说我所示意者，原则上我仍然有可能变成有能力确切地言说我所示意者。我原则上（如果不是事实上）可以增加自己的语言知识，或更彻底，如果现存语言不足以完成任务，如果它们就是缺乏言说我所示意者的资源，我原则上至少可以引进新的词汇或其他手段来丰富该语言。任何语言都为我们提供有限数量的

---

[1] 参阅 J. L. Austin, *How to Do Things with Words* (Oxford, 1962).

词汇和句法形式，供我们言说我们所示意者；但是如果一种给定语言（或任何语言）的可表达者有上限，有些思想不可能用给定语言（或任何语言）表达，那么，这只是一种偶然事件，不是必然真理。

我们可以把这条原则表达为：对于任何意义 X 和任何说话人 S，每当 S 示意（在一个讲说中意图传递、想要交流，等等）X 时，那么，就可能存在这样一个表达式 E，它是 X 的确切表达或表述。用符号表示就是：$(S)(X)(S 示意 X \rightarrow P(\exists E)(E 是 X 的确切表达))$。[1]

为了避免两种误解，我们应该强调可表达性原则并不蕴涵我们总是有可能找到或发明一种表达式，它将在听话人身上产生我们所打算产生的所有效果；例如，文学的或诗学的效果、情感、信仰，等等。我们需要区分说话人所示意的和他意图在听话人身上产生的某种效果。第二章将详述这个话题。其次，凡能被示意者皆能被言说这条原则并不蕴涵凡能被言说者皆能被别人理解；因为那样会排除私人语言（一种从逻辑上讲除了说话人没有人能理解的语言）的可能性。这种语言可能真的从逻辑上讲是不可能的，但是在本研究中我不想尝试解决这个问题。

这条原则具有广泛的影响和后果。例如，它将使我们有能力解释弗雷格（Frege）关于涵义与指称的理论的重要特征（见第四章）。一个后果是，说话人不能确切地言说其示意的情景——主要表现为非字面性、模糊性、歧义性、不完整性——在理论上对语言交际并不重要。但是，就当前目的而言，最重要的是它使我们能把实施言语行为的规则等同于讲说某些语言成分的规则，因为相对于任何可能的言语行为都有一个可能的语言成分，其意义（在一定的语境下）足以确定其字面讲说恰恰就是在实施该言语行为。要研究允诺或道歉言语行为，我们只需要研究那些句子，其字面且正确的讲说将构成做出允诺或发布道歉。

---

[1] 这个表述通过模态语境明确用到了量词；但是，因为被量化的实体反正是'内涵的'，模态语境似乎不会导致特别的问题。

第一章　方法与范围

言语行为是交际的基本单位这个假设和可表达性原则一起，提示我们言语行为概念、说话人所示意者、讲说的句子（或其他语言成分）所示意者、说话人所意图的、听话人所理解的以及管控语言成分的规则，它们之间有一系列分析性联系。接下来的四章将探索一些这样的联系。

第二章
表达式、意义、言语行为

那么，本书的假设是，说一种语言是从事一种规则管控的行为。更简洁地说，谈话是按照规则在实施行为。为了支撑这个假设，并解释说话，我将陈述我们谈话时遵从的一些规则。我采用的程序是，陈述实施特定言语行为的一些充要条件，然后从这些条件中抽取出语义规则，以便使用把话语标识为这类言语行为的语言手段。这是一个相当大的任务，可能比听起来要大，本章将致力于介绍**不同言语行为**之间的区分，讨论**命题、规则、意义、事实**等观念，为完成该任务做准备。

2.1 表达式及言语行为种类

一旦我们开始思考简单的说话情景，就会有一些区分自然而然地涌现出来。让我们先提出这些区分，开启这一阶段的研究。（我们例子中的句子很简单，但这不会削弱我们将提出的区分的普遍性。）想象一下有这样一位说话人和一位听话人，假设在合适的情境下，说话人讲说了下列句子之一：

1. Sam smokes habitually.（山姆整天抽烟。）
2. Does Sam smoke habitually?（山姆整天抽烟吗？）
3. Sam, smoke habitually!（山姆，整天抽烟！）
4. Would that Sam smoked habitually.（希望山姆整天抽烟。）

现在我们要问一下，我们会怎么描述或描写说话人所讲说的句子？当他讲说那个句子时，我们应该说他在做什么？

这一点显而易见：任何讲说这些句子的人都可以说是讲说了由英语的词组成的句子。但显然，这只是描写的开始，因为说话人讲说这些句子时一般都言说了某事，而不只是吐出了几个词。在讲说句 1 时，说话人做出了（哲学家所谓的）断言；在讲说句 2 时，他提出了问题；在讲说句 3 时，他发出了命令；在讲说句 4（一个有点过时的形式）时，他表达了希望或愿望。在实施这四种行为的每一种时，说话人还实施了这四种共有的其他行为：在讲说任何一种时，说话人都**指称**或提到或指明了某个对象山姆，并用"整天抽烟"这个表达式（或其屈折变体）述谓①了这个被指称的对象。因此，我们认为在讲说所有四种句子时，其指称和述谓是相同的，尽管在每一种情况下相同的指称和述谓分别是不同于其他三种的完整言语行为的一部分。这样，我们就把指称和述谓概念跟断言、提问、命令等完整言语行为概念分离了，之所以把它们分离是因为同样的指称和述谓可以出现在不同的完整言语行为里。奥斯汀（Austin）把这些完整言语行为命名为"行事行为"（illocutionary act），我今后也用这个术语。②英语动词"state"（陈述）、"describe"（描写）、"assert"（断言）、"warn"（警告）、"remark"（叙述）、"comment"（评述）、"command"（命令）、"order"（号令）、"request"（要求）、"criticize"（批评）、"apologize"（道歉）、"censure"（谴责）、"approve"（赞成）、"welcome"（欢迎）、"promise"（允诺）、"object"（反对）、"demand"（请求）、"argue"（论证）等指代

---

① "述谓"的原文是动词"predicate"，可以译作"以谓语的方式述说"，但是比较累赘，把"述谓"也用作动词可以避免这种麻烦，就像"指称"同时是动词和名词一样。用"述谓"别扭时，我们改用"述说"。不过，名词"predicate"在和"subject"（主语）对用时，我们改称"谓语"。——译者

② J. L. Austin, *How to Do Things with Words* (Oxford, 1962). 我是带着忧虑采用"illocutionary act"这个名称的，因为我不赞成奥斯汀对 locutionary act 和 illocutionary act 的区分。参见 J. R. Searle, 'Austin on Locutionary and Illocutionary Acts', *Philosophical Review*, vol. 57 (1968).

的就是行事行为。奥斯汀声称英语有一千多个这样的表达式。①

那么，我们初步思考的第一个结论是，在讲说上述例子中的任何一个句子时，说话人至少一般都实施了三种不同的行为：(a)讲说词语（语素、句子）；(b)指称和述谓；(c)陈述、提问、命令、允诺等。

让我们在言语行为这个总的名称下面为它们命名吧：

(a)讲说词语（语素、句子）= 实施**讲说行为**（utterance act）。

(b)指称和述谓 = 实施**命题行为**（propositional act）。

(c)陈述、提问、命令、允诺等 = 实施**行事行为**。

当然，我不是说这些是说话人碰巧同时做的独立的事情，就像一个人可能同时抽烟、阅读、挠头一样，而是在实施行事行为时人们一般都实施了命题行为、讲说行为。这也不应该被理解为讲说行为和命题行为相对于行事行为，就像买票、上车相对于坐火车旅行。它们不是手段与目的的关系；相反，讲说行为相对于命题行为和行事行为，就像在选票上打叉相对于投票。

之所以把这些行为抽象化，是因为每一种的'身份标准'（identity criteria）都是不一样的。我们已经看到，不同的行事行为可以有同样的命题行为，而且很显然，人们可以实施讲说行为而根本不实施命题行为或行事行为。(一个人可以讲说词语而不言说任何东西。)同样，如果我们考虑这个句子：

5. Mr Samuel Martin is a regular smoker of tobacco. (塞缪尔·马丁先生是个老烟鬼。)

我们就可以明白为什么说在某种语境下，说话人讲说了这个句子就是实施了和例1—4同样的命题行为（指称和述谓是相同的），和例1一样的行

---

① Austin，前引书第149页。

事行为（做出了同样的陈述或断言），但是其讲说行为却和前 4 个都不一样，因为其讲说的句子不一样，词语不一样，只有一些语素一样。因此，在实施不同讲说行为时，说话人可以实施同样的命题行为和行事行为。当然，两个不同的说话人实施的同一个讲说行为，或者同一个说话人在不同的场合实施的同一个讲说行为，不需要是实施同一个命题行为和行事行为：例如，同一个句子可以被用来做出两个不同的陈述。讲说行为只包括讲说词语串。行事行为和命题行为则一般都包括（如下文将讲到的）在某种语境下，在某种条件下，带着某种意图，讲说句子中的词语。

现在为止，我没有主张言语行为一定要这么区分，只是说这是一种可行的区分方法，尽管有点模糊。特别是，我没有主张这是唯一的区分方法。例如，出于某种目的，我们可能希望把我所谓的讲说行为区分为语音行为（phonetic act）、音位行为（phonemic act）、语素行为（morphemic act）等。当然，大多数情况下，在语言学里不一定非要谈论行为。我们可以只讨论音位、语素、句子，等等。

上述三种言语行为之外，我现在想加上奥斯汀的**取效行为**（perlocutionary act）。对应于行事行为观念的是，这些行为对听话人的行动、思想、信念等等产生的后果或**效果**这个观念。例如，通过论证我可能**劝服**、**说服**某人，通过警告我可能**惊吓**、**惊醒**某人，通过请求我可能**使某人去做某事**，通过提供信息我可能**说服某人**（**启发、开导、激励某人，使他意识到某事**）。上述这些黑体[①]表达式指代取效行为。

分别对应于命题行为和行事行为观念的是，实施这些行为时所讲说的某种表达式：行事行为的一般语法形式是完整句（它可以是独词句）。命题行为的一般语法形式是句子的一部分：语法谓语用于述谓行为；专名、代词、其他种类的名词短语用于指称。命题行为不能单独出现，即人们不

[①] "黑体"原文为"italicized"（斜体）。如上文注明，原文的斜体，译作采用黑体，所以这里相应改动。后文同理，不再赘述。——译者

能只指称和述谓而不做出断言、提出问题，或实施其他行事行为。这一观点的对应语言学观点是，句子，而不是词语，是用来言说事情的。这也是弗雷格的意思，他说只有在句子的语境下词语才有指称——"Nur im Zusammenhang eines Satzes bedeuten die Wörter etwas"。① 用我的术语就是：人们只在实施行事行为时才能指称，而行事行为的语法外衣是完整句。一个指称表达式的讲说只有在有人言说什么时才算指称。

当然，表达式种类和命题行为之间的对应并不是严格的。例如，如果我说，"He left me in the lurch"（他弃我于困境而不顾），我并没有指称那个特定的"lurch"，他弃我于其中，尽管"the so-and-so"（那个什么）这样的短语② 是典型的指称表达式。

2.2 述谓

我的动词"述谓"的用法和传统的哲学用法有很大的差别，需要说明一下理由。首先，对对象进行述谓的是表达式，而不是共相（universal）。③ 我采用这种惯例，因为我觉得在说明述谓表达式的用法时引入共相既误导别人又没必要（参见第五章），也因为我想展示述谓概念与真理概念之间的联系：表达式，而不是共相，可以被说成反映了对象的真相或假象。其次，按我的术语，例1—5中出现了同样的述谓，而大多数哲学家似乎认为述谓只出现在断言里，因此，例2—4没有述谓。在我看来，这不仅是个不方便的术语（不能允许我们标识共同述谓表达式在不同行事行为中的屈折用法），而且说明人们对断言和其他行事行为的相似

---

① G. Frege, *Die Grundlagen der Arithmetik* (Breslau, 1884), p. 73.
② 即有定名词短语。——译者
③ 但是，被述谓的表达式的同一性不是述谓同一性的必要条件。形式不同但意义相同的表达式可以被用来做出同样的述谓，如"is an habitual smoker"（是老烟鬼）和"smokes habitually"（整天抽烟）。

性，对所有行事行为和命题之间的区分（我会在 2.4 小节说明这个区分），有严重的误解。

2.3 作为言语行为的指称

我现在将尝试部分地澄清指称概念。我所谓单数有定指称表达式（singular definite referring expression，简称"指称表达式"）的例子是，"you"（你）、"the battle of Waterloo"（滑铁卢战役）、"our copy of yesterday's newspaper"（我们昨天那份报纸）、"Caesar"（凯撒）、"the constellation of Orion"（猎户星座）这样一些表达式。这些表达式每个都有这个特点：它们的讲说从一些对象中挑出或辨认出一个'对象'或'实体'或'殊项'，然后说话人接下去讲述有关事情，或提出问题，等等。用来辨认任何东西、过程、事件、行动，或其他任何'个体'或'殊项'的表达式，我称之为指称表达式。指称表达式指向特定的东西，它们回答"谁？""什么？""哪个？"这些问题。指称表达式是按它们的功能，并不总是按它们的表层语法形式或它们实施功能的方式，被人知晓的。

如果我们把典型的单数有定指称表达式跟其他表达式对比一下，上述论述就可能会清楚一点。以不定冠词开头的表达式，如"a man"（一个人），就像"A man came"（一个人来了）这个句子中的那种，可以被说成指称一个特定的人[①]，但是它们不是用来辨认或指明说话人辨认一个对象的意图的，不像用定冠词（如"the man"（那个人））的表达式那样。因此，我们需要区分单数有定指称表达式和单数不定指称表达式（singular indefinite referring expression）。同样，我们需要区分复数有定指称表达式（如"the men"（那些人））和复数不定指称表达式（如"Some men came"

[①] 我们有理由根本不把这种表达式称为**指称**的示例。但我现在不讨论这个问题，因为我当前的目的只是把单数有定指称表达式和其他表达式相对比。

（一些人来了）中的"some men"（一些人））。

我们也必须区分不定冠词组成的表达式的指称用法和非指称用法：如"A man came"中用到的"a man"要和"John is a man"（约翰是个（男）人）中用到的"a man"区别开来。第一个是指称性的，第二个是表语。罗素（Russell）①曾经认为，这两个都是指称性的，第二个句子是用来做身份陈述的。这分明是错误的，因为如果第二个是身份陈述，那么在否定句"John is not a man"中，我们会有必要问一下，"John is not"（约翰不是）的，到底是哪个"man"，这是荒唐的。

我们也许还要区分用来指称个体或殊项的表达式和用来指称哲学家所谓共相的表达式：如，区分"Everest"（埃佛勒斯峰②）、"this chair"（这把椅子）和"the number three"（数字3）、"the color red"（红的颜色）、"drunkenness"（醉态）等。除非另有指明，我将把"指称表达式"只用于指称殊项的表达式，关于共相的指称将延后到第五章再讨论。我将把"指称表达式"作为"用于指称殊项的单数有定表达式"的简称。"指称表达式"这个术语并不蕴涵是表达式在指称。相反，如上文强调的，指称是一种言语行为，而言语行为是说话人在讲说词语时实施的，不是由词语实施的。在我的术语中，说表达式指称（述谓、断言等）要么没有意义，要么是说话人用表达式指称（述谓、断言等）的简称；这个简称，我将经常用到。

有定指称观念与其同源观念有定指称表达式缺乏确切的边界。我们可以给出很多包含这种表达式的句子说明有定指称的典型情况，但是仍然会有很多情况使我们怀疑是否应该把一个词的用法算作指称。在文件上签名是在**指称**自己吗？时态动词是在**指称**讲说该动词的时间吗？这些例子似乎缺乏很多**突出**典型有定指称的特征。哲学界的一个常见错误，是假定这样的问题必须有一个正确的毫不含糊的答案，或比这更差，假定除非有正确

---

① B. Russell, *Introduction to Mathematical Philosophy* (London, 1919), p. 172.
② 即珠穆朗玛峰。——译者

的毫不含糊的答案，指称概念就是一个无价值的概念。我认为，正确的方法是检查指称概念的中心地带的案例，然后根据它们与典型案例的异同程度检查边缘案例。只要我们**既**意识到同**又**意识到异，是否把它们称为指称，就可能无关紧要了。

总之，指称言语行为将通过展示典型指称表达式样例来解释，我们将解释这些表达式的讲说在完整言语行为（行事行为）中发挥的功能，并把这些表达式的用法同其他表达式进行对比。英语的典型指称表达式就英语句子的表层结构而言可以分作三类：专名，以定冠词或所有格代词/名词开头并后随单数名词的名词短语，代词。指称表达式的讲说一般都用于从其他对象中挑出或辨认出一个特定的对象。这些表达式的使用不仅不同于述谓表达式和完整句子的使用，而且不同于不定指称表达式、指称共相的表达式、复数有定指称表达式。我们不应该假定有定指称概念的边界是精确的。

2.4 命题

当两个行事行为包含相同的指称和述谓，只要指称表达式的意义相同，我将说它们表达了相同的命题。① 因此，例 1—5 中的所有讲说都表达了相同的命题。同样，下列讲说：

6. If Sam smokes habitually, he will not live long.（如果山姆整天抽烟，他活不长。）
7. The proposition that Sam smokes habitually is uninteresting.（山姆整天抽烟这个命题没有意思。）

表达了和例 1—5 相同的命题，尽管它在 6 和 7 中都作为另一个命题的一部分出现。因此，**命题应该与其断言或陈述明确区分开来**，因为在 1—7 的讲说中，出现了相同的命题，但是只有在 1 和 5 中，它才是被断言的。

---

① 这是一个充分条件，但不是必要条件。例如，存在陈述没有指称。

陈述和断言是行为，但是，命题不是行为。命题是断言行为中所断言的，是陈述行为中所陈述的。同样的论点，不同的说法是：断言是对命题真值的（非常特别的）一种承认。

命题的表达是命题行为，不是行事行为。如我们所述，命题行为不能单独发生。我们不能其他什么都不做，只表达一个命题来以此实施一个完整的言语行为。这个论点的对应语法现象是，以"that..."开头的子句（这是明确地把命题分离出来的典型形式）不是完整的句子。当一个命题得到表达时，它总是在行事行为的实施中表达的。①

请注意，我不说句子表达了命题；我不知道句子如何可以实施那种（或任何）行为。但是，我将说，在讲说句子时，说话人表达了命题。

我可以把这部分的区分小结一下：我区分行事行为与行事行为的命题内容。当然，不是所有的行事行为都有命题内容，例如，"Hurrah"（好啊）就没有，"Ouch"（哎哟）也没有。

熟悉文献的读者会认出来，这不过是众多作者指出过的一个陈旧区分的翻版，如弗雷格、谢费尔（Sheffer）、刘易斯（Lewis）、赖兴巴赫（Reichenbach）、黑尔（Hare），只提少数几位的话。

从语义角度，我们可以区分句子的两种（不一定独立的）句法结构成分，我们可以称之为命题指示器（propositional indicator）和行事语力指示器（illocutionary force indicator）。行事语力指示器展示命题是如何被理解的，或换个说法，该讲说将有什么行事语力；即说话人在讲说句子的时候实施了什么行事行为。英语的行事语力指示手段（illocutionary force indicating device）至少包括，词序、重音、语调曲线、标点符号、动词语气，以及所谓施为②动词。通过以"I apologize"（我道歉）、"I warn"（我警告）、"I state"（我声明）等开始句子，我可以指明我所实施的行事行

---

① 因此，对应于陈述行为和所做的陈述之间的区分，是表达命题行为和所表达的命题之间的区分。

② 对这个观念的解释，见 Austin，前引书第 4 页以次。

为。在实际说话情景里,语境常常会表明讲说所具备的行事语力,不必要援引合适的明确行事语力指示器。

如果这种语义区分有什么真正的意义,似乎可能的是,它应该有句法对应物,即使语义事实的句法表征并不总位于句子表层。例如,在句子"I promise to come"(我答应来)中,表层结构似乎不允许我们区分行事语力指示器与命题内容指示器。在这方面,它和"I promise that I will come"(我答应我来)不一样,其行事语力指示器("I promise")和命题内容指示器("that I will come")之间的差别就在表层。但是,如果我们研究一下第一个句子的深层结构,就会发现其基础短语标记,像第二个句子的基础短语标记,包含"I promise + I will come"。在深层结构,我们常常可以辨认出行事语力指示器的对应成分清楚独立于命题内容指示器的对应成分,即使在删除重复成分的转换掩盖了表层结构中的区分的情况下。当然,这不是说,每个句子的基础短语标记一般都有一个单一成分标识其行事语力。相反,我觉得在自然语言里,行事语力是由很多不同的手段指明的,有些是句法上相当复杂的。

行事语力指示器与命题指示器之间的区分将在第三章被证明对我们很有用,我们将在那里构建行事行为的分析。因为不同的行事行为可以有同一个命题,我们就可以把命题分析与不同种类的行事行为的分析区别开来。有负责表达命题的规则,也有负责指称和述谓之类的规则,但是我认为这些规则可以与负责指示行事语力的规则分开讨论,我将把这些讨论延后到第四、第五章。

我们可以用下列符号表征这些区分。(很多种类的)行事行为的一般形式是:

$$F(p)$$

其中的变量"F"以行事语力指示手段为价值,"p"则以命题表达式为价

值。① 然后，我们就可以把不同种类的行事行为用符号表示如下，例如，

⊦(p)　表示断言　　　　　　!(p)　表示请求
Pr(p)　表示允诺　　　　　　W(p)　表示警告
?(p)　表示是否问句

等等。除了是否问句，问句的符号必须表征命题函项，而不是完整的句子，因为除了是否问句，说话人问问题时不表达完整的命题。因此，"How many people were at the party?"（晚会有多少人？）被表征为：

?(X数量的人在晚会)

"Why did he do it?"（他为什么做这事？）被表征为：

?(他做这事，是因为……)

但是，"Did you do it?"（你做了吗？），一个是否问句，却表征为：

?(你做了)

只要我们只讨论简单主谓命题，以单数有定指称项为主语，我们就可以用下列形式表征这些区分：

$F(RP)$

---

① 并不是所有的行事行为都符合这个模式。例如，"Hurrah for Manchester United"（曼城联队万岁）或 "Down with Caesar"（打倒凯撒）就是 F(n) 这个形式，其中的 "n" 可以由指称表达式替换。

其中"R"代表指称表达式，大写的"P"代表述谓表达式。

之所以做出这些区分的一个附加的有力动因，是它们能够使我们解释并表征一般被忽略的行事否定和命题否定之间的区分，即：

$$\sim F(p)$$

和

$$F(\sim p)$$

之间的区分。因此，"I promise to come"这样的句子有两个否定式，"I do not promise to come"（我不允诺来）和"I promise not to come"（我允诺不来）。前者是行事否定，后者是命题否定。命题否定不改变行事行为的性质，因为它导致由同一个行事语力呈现的另一个命题。行事否定则一般改变行事行为的性质。因此，"I do not promise to come"的讲说不是允诺，而是拒绝做出允诺。"I am not asking you to do it"（我不要求你做这事）是否认提出了要求，它和否定要求"Don't do it"（不要做这事）是很不一样的。同样的区分适用于陈述。考虑这个陈述"There are horses"（有马）。

$$\vdash (\exists x)(x \text{ is a horse})$$

除了常见的"There aren't any horses"（没有马）

$$\vdash \sim (\exists x)(x \text{ is a horse})$$

与"There are things that aren't horses"（有不是马的东西）之间的区分，

$$\vdash (\exists x)\sim(x \text{ is a horse})$$

第一部分 言语行为理论

我们需要增加 "I don't say there are horses"（我没有说有马）。

$$\sim \vdash (\exists x)(x \text{ is a horse})$$

33 认为对行事语力指示手段的否定留给我们一个关于说话人的否定断言，即他没有实施某个行事行为，是个诱人的想法，但却是错误的。

$$\sim F(p)$$

实际上总是这个形式的

$$\vdash (\sim q)$$

按照这种理解，拒绝实施一个行事行为永远是一个自我描述性的陈述，意思是作为一个经验事实，我没有实施如此这样的行为。但是，"I don't promise to come"中的"I don't promise"和"I promise to come"中的"I promise"一样，都不是自我描述性的。

把（很多种类的）行事行为分析为符号"$F(RP)$"中的字母所代表的成分后，我们就能为行事语力（F）、指称（R）、述谓（P）提供独立的分析了。我将在第三、第四、第五章中分别讨论这三个主题。重要的是要强调这项研究的范围很小。我们将只讨论非常简单的行事行为，那种只涉及单个对象的指称（通常只讲说一个单数名词短语）和简单表达式的述谓。我忽略了更复杂的主语表达式、关系述谓表达式、复合命题等。在弄清楚简单案例以前，我们几乎不可能弄清楚更复杂的案例。

2.5 规则

我想澄清一下两种规则的区别，我称其为**调节性规则**（regulative

rule）和**构成性规则**（constitutive rule）。我对这个区别相当自信，但是发现它不容易澄清。作为第一步，我们可以说调节性规则是先行调节或独立于现存行为形式的调节；例如，很多礼仪规则调节独立于规则而存在的人际关系。但是，构成性规则不仅仅调节，它们创造或界定新的行为形式。例如，橄榄球或象棋规则不仅仅调节橄榄球或象棋赛事，而且似乎创造了进行这种赛事的可能性。橄榄球或象棋的赛事活动是由于按照合适的规则（至少是其中的大部分）行动而构成的。① 调节性规则调节既有活动，这种活动的存在在逻辑上独立于这些规则。构成性规则构成（也调节）一种活动，这种活动的存在在逻辑上取决于这些规则。

调节性规则一般采用（或可以被换说成）祈使句，如，"When cutting food, hold the knife in the right hand"（切食物时，请右手握刀），或"Officers must wear ties at dinner"（就餐时，军官必须系领带）。而一些构成性规则采用非常不同的形式，如"A checkmate is made when the king is attacked in such a way that no move will leave it unattacked"（当国王受到攻击，并且走任何一步都不能为其解围时，这一方就被将死了），"A touch-down is scored when a player has possession of the ball in the opponents' end zone while a play is in progress"（当一个队员在对方端区获球，而比赛正在进行中，那么，该队就触地得分了）。如果典型的规则是祈使调节规则，这种非祈使构成规则就可能让我们觉得特别奇怪，甚至几乎不能算规则。请注意，它们几乎是同义重复，'规则'提供的似乎是"将军"或"触地得分"的定义的一部分。例如，"象棋中的将军是以如此这样的方法得到的"这

---

① 这个说法必须正确理解。当我说象棋赛事是由于按照规则行动而构成时，我意图包括更多的规则，不仅仅是棋子如何移动的规则。我们可能遵循了这些规则，但是仍然没有在进行象棋赛事，如果棋子的移动是宗教仪式的一部分，或者棋子的移动是更大的更复杂的游戏的一部分。在"按照规则行动"这个观念中，我意图包括说清楚'游戏目标'的规则。而且，我认为，有些竞争性游戏的关键规则并非只适用于某个特定的游戏。例如，我认为，竞争性游戏的每一方都承诺力图获胜，这也应该是一条规则。请注意，在这个问题上，我们对故意输掉赛事的队伍或队员的态度和对作弊的队伍或队员的态度是一样的。他们都违反了规则，尽管规则的类型迥异。

种说法，有时可以看作规则，有时又是以"象棋中的将军"的意义为基础的分析性真理。这种陈述可以被看作分析性的，这是一个提示，说明所涉及的是构成性规则。关于将军或触地得分的规则必须'界定'**象棋中的将军**或**美式橄榄球的触地得分**，就像橄榄球规则界定"橄榄球"，或象棋规则界定"象棋"。这当然不是说，一个边缘规则的细微变化就会使其变成另一种游戏；构成性规则的系统会允许不同的中心性程度。调节性规则一般具有这种形式，或可以轻松地被换说成这种形式："做 X"或"如果 Y 做 X"。在构成性规则系统中，有些可能是这种形式的，但是有些会具有这种形式："X 算作 Y"，或"X 在语境 C 下算作 Y"。

不能感知构成性规则的存在及其本质对哲学会有影响。例如，有些哲学家会问，"做出允诺怎么就会带来义务？"类似的问题是，"触地怎么就能增加 6 分？"这两个问题，按其现状，只有通过引用"X 算作 Y"这种形式的规则才能回答。当然，这不是说这些问题不能被重新措辞，变成询问允诺机制的重要问题，或同样，询问橄榄球机制。

我试图勾画的区分还相当模糊，我将评述用来描述构成性规则的两个程式，以便澄清这个区分："构成性规则的创建似乎有可能创造新的行为形式"和"构成性规则常常具有这种形式：X 在语境 C 下算作 Y"。

"新的行为形式"：在一个无关紧要的意义上，创建新的规则有可能创造新的行为形式，即按照这条规则行动的行为。这不是我的话意图使用的意义。我的意思可能最好还是用形式模式表达。当规则是纯粹调节性的时候，符合规则的行为可以被给与同样的描写或说明（即"他干了什么？"这个问题可以有同样的答案），不管规则是否存在，只要这种描写或说明不明确提到该规则。但是，当规则（或规则系统）是构成性的时候，符合该规则的行为可能得到的说明或描写在规则不存在时它就不可能得到。我将举例说明这一点。

假设在我的社交圈有一条礼仪规则：晚会的邀请函必须至少提前两周发出。这种动作可以被给与这样的说明"他至少提前两周发出了邀请"，不管该规则是否存在。同时，假设在我的运动圈橄榄球赛是按照如此这样的规则进行的。那么，如果没有这样的规则，"他们打了橄榄球"这个说明就不能用。这是可能的——22个男人可能做出了同样的身体动作，就像橄榄球赛中的两支球队那样，但是如果没有橄榄球赛的规则，即没有先行存在的橄榄球游戏，他们的行为就不能在任何意义上被描写为打橄榄球。

一般来说，即使没有礼仪规则，社交行为也可以被给与同样的说明。但是，游戏规则那样的构成性规则，为那些没有规则就不可能被说明的行为提供了说明的基础。当然，调节性规则常常提供了评价行为的基础，如，"他很粗鲁""他不道德""他有礼貌"；如果没有这种规则的支撑，可能很难给出这些评价。但是，评价不是我所用意义上的**说明**或**描写**。"他投了威尔基一票""他击中了一个全垒打"是没有构成性规则就不能给出的说明，但是"他就餐时系了领带""他右手持叉""他坐下了"都是可以给出的说明，不管是否存在要求就餐时系领带或右手持叉等等规则。①

"***X*在语境*C*下算作*Y***"：这是不打算作为区分构成性和调节性规则的形式标准。任何调节性规则都可以被扭曲成这个形式，如"就餐时不系领带将算作不良军官行为"。但是，这里的"算作"后的名词短语用作评价项，而不是说明项。当规则可以被自然地措辞成这种形式时，当*Y*是说明项时，规则就可能是构成性的。但是，有两个限制条件需要加上。首先，既然构成性规则是成系统的，可能是整个系统例示这种形式，而不是系统中的个别规则。因此，尽管篮球规则第一条——每队由五人组成——不是这种形式的，按照所有或足够多的篮球规则来行动却构成打篮球。其次，在系统中，那个短语（即*Y*项）一般不是一个简单的标签。它标识了那个造成后果的东西。例如，"越位""全垒打""触地得分""将军"不仅仅是*X*项指明的赛场状态的标签，它们还通过处罚、得分、赢球、输球等，引入了进一步的后果。

我说过，本书的假设是，说一种语言就是按照规则实施行为。这个假设将采用的形式是，一种语言的语义结构可以被看作一系列基础构成性规

---

① 人工制品可能一般要求有构成性规则才能被描写，如上文的"领带""叉子"。但我不相信它们需要，只是此刻我不考虑这个问题，因为它跟我当前的讨论无关。

则的规约性体现,言语行为一般是按照这些构成性规则通过讲说表达式来实施的行为。下一章的一个目标是制定用来实施某些言语行为的构成性规则,如果我关于构成性规则的意见是正确的,当这些规则没有全部采用祈使句形式时,我们就不应该感到惊讶。事实上,我们将看到这些规则分属几个相当不同的范畴,没有一个完全像礼仪规则。陈述这些实施言语行为的规则的努力也可以被看作一种测试,看看构成性规则是言语行为的基础这个假设对不对。如果我们不能令人满意地制定这些规则,我们的失败就可以作为证伪的部分证据,否定该假设。

我认为说话涉及构成性规则,这个观点可以被表达得更清楚一些,如果我们思考一下这个问题:做出允诺和钓鱼有什么区别?为什么我要说用语言做出允诺只有存在关于语言成分的构成性规则才有可能,而钓鱼却不需要类似的构成性规则?毕竟,允诺和钓鱼两者都是人类活动(实践),都是有目标的行为,都可能出错。关键的一个不同是:钓鱼时的手段与目的的关系,即有助于或使我有能力实现目标的关系,是自然物理事实;这样的事实,如鱼有时候咬鱼饵,但是很少咬空钩;钢做的鱼钩会钩住鱼,橡皮做的鱼钩却不会。实际上,现在成功的渔民都会采用一些技术、程序甚至策略,而且,无疑在某种意义上,所有这些都涉及(调节性)规则。但是,在如此这般的条件下能钓到鱼,却不是规约,或像规约的东西。另一方面,在用语言实施言语行为时,这却是规约——不是策略、技术、程序或自然事实——在一定的条件下讲说如此这般的表达式算作做出允诺。

"但是",有人可能不同意,"你只告诉了我们允诺如何不同于钓鱼,要使你关于规则的说法具有清晰的含义,这是不够的。"我认为这个反对意见的确很有力,那就让我进一步解释一下我的意思(即,我说本书的假设是说一种语言就是按照构成性规则系统实施言语行为)。让我们先区分跟那句话有关的三个问题。作为第一步,我们可以把它们表述如下:第一,具体语言(区别于抽象语言)是规约性的吗?第二,行事行为是规则管控的吗?第三,抽象语言是规则管控的吗?我希望拟议中的答案将使问题变得更清楚。第一个问题的答案明显是"是的"。我正在按照英语规约写这句话，而不是按照法语、德语、斯瓦希里语的规约。在这个意义上，具体语言（区别于抽象语言）是规约性的。但是，第二个问题更难，且更重要。让我们稍微重新措辞一下。必须有某种规约（法语的、德语的或任何语言的）我们才能实施行事行为吗，如陈述、允诺、请求？我想说，对这个问题的答案，一般是"是的"。

就一些非常简单的行事行为的实施而言，我们的确可以不使用任何规约手段，只是通过以某种方式行动，就能使听众认出我们的某些意图。① 这些可能性，说明跟游戏的类比是有局限的、不足的，因为我们根本不可能不引用某些规约（规则）而触地得分。但是，我们可以在自然语言或任何构成性规则系统之外实施某些行事行为的事实，不应该遮蔽这个事实——一般来说，行事行为是在语言内部依靠某些规则实施的，事实上除非语言允许实施这些行为，它们是不可能被实施的。我们可以在某些特殊情况下不使用任何规约手段而'要求'某人离开房间，但是，除非我们有语言，我们不能要求某人，比如，在美国大学本科生阶段从事一个研究项目，研究单核细胞增多的诊断和治疗问题。而且，我想说，对于某些**类型**的言语行为，如允诺、断言，某些规则管控的成分系统是必需的。我的狗可以实施某些简单的行事行为。它可以表达喜悦，可以要求（请求）放它出去。但是，他能做的非常有限，即使是它能实施的那些类型，我感觉，把它们说成行事行为，部分是隐喻性质的。

为了完成对第二个问题的回答，并开始回答第三个问题，我想引进两个想象的案例，以说明规则、行为、规约之间的关系。

首先，想象一下，在不同的国家按照不同的规约进行象棋赛事。例如，在一个国家国王是一个大棋子，在另一个国家国王比车要小。在一个国家象棋棋盘和我们的一样，在另一个国家棋盘完全是由一系列数字组成的，而且有一个数字会被赋予任何'移动'到它位置上的棋子。关于这些

---

① 这样的案例比我们可能假定的要少得多。脸部表情、指点这样的手势，都有浓重的规约成分。

不同的国家，我们可以说其按照不同的规约玩同样的象棋。还请注意，这些规则必须以某种形式体现，以便赛事能够进行。必须有个东西，即使它不是物质的，代表我们所称的国王或棋盘。

其次，想象一个施虐狂社会，人人都喜欢在别人耳朵里弄出巨大声响，使其痛苦。假设，为了方便，他们采用这个规约——总是弄出"砰"这个声音，以实现目的。关于这个案例，就像象棋那个例子，我们可以说，这是一种涉及规约的实践。但是，和象棋那个例子不同，这里的规约不是基础构成性规则的体现。不同于象棋那个例子，这里的规约性手段是实现自然效果的手段。没有言说"砰"就**算作**导致痛苦这样的规则；人们可以感觉痛苦，不管是否知道这个规约。不应用这个规约，照样可以导致痛苦。

那么，具体语言、抽象语言、行事行为怎么样呢？就像象棋和声响那两个例子，具体语言涉及规约。（我对第一个问题的回答。）但是，我想说，就第二个、第三个问题而言，说话和实施行事行为在很多方面像象棋那个例子，而和声响那个例子非常不一样。不同的人类语言，只要它们能互相翻译，就能被看作是相同基础规则的不同规约性体现。法语可以通过说"je promets"来做允诺，英语可以通过说"I promise"来做允诺，这个事实是一种规约。但是，（在合适的条件下）讲说一个允诺语句算作承担一种义务，是规则问题，而不是法语或英语的规约问题。就像上述例子，我们可以把一个国家的象棋译成另一个国家的象棋，因为它们共享相同的基础规则，所以，我们可以把一种语言的话语译成另一种，因为它们共享相同的基础规则。（顺便提及，这应该被看作非常事件，需要予以解释——为什么一种语言的句子可以被译成另一种语言的句子。）

而且，回到第二个问题，对于很多行事行为而言，必须有某种规约手段负责实施这种行为，因为该行为必须在规则之内实施，必须有某些方式援引基础规则。就允诺和陈述而言，必须有某种规约成分，讲说它就算作承担义务或保证存在某种事态，以便有可能实施允诺、陈述这样的言语行为。规则规定的东西不是自然效果，不像感觉痛苦那样，那是不需要援引

第二章 表达式、意义、言语行为

任何规则就能造成的。正是在这个意义上，我说具体语言不仅是规约的，而且某些种类的行事行为是规则管控的。

所以，我的三个问题合起来就是：第一，具体语言有规约吗？第二，为了有可能实施某种行事行为，必须有（以某种方式体现的）规则吗？第三，规约是规则的体现吗？

我对第一个问题的答案是"是的"，对第二个问题的答案是"就大多数行事行为而言，是的，它们是规则管控的；就大多数行为而言，即使是其他种类的行事行为，是的"。对第三个问题的答案是"一般来说，是的"。

类比的意义在于，声响的例子说明了一种实践要具有规约模式的运行，但是没有构成性规则，实施它不需要规则或规约时，是什么样子。象棋的例子则说明了一种实践要具有规约模式的运行，而其规约是基础规则的体现，实施它需要规则和某种规约时，是什么样子。

当我说使用一种语言就是从事规则管控的行为时，我不是特别关注我们使用某种语言时援引的特定规约（主要是因为这个原因，我的研究从根本上不同于语言学，后者考察人类自然语言的实际结构），而是关注规约所显现或体现的基础规则，就像象棋的例子那样。现在，当我说使用一种语言就是从事规则管控的行为时，我意图把它用作对第三个问题的回答。即使最后证明我对第二个问题的答案是错的，行事行为都可以在构成性规则系统之外实施，这仍然不能说明用语言实施行事行为不是规则管控的行为。这两种观点我都坚持，但只有对第三个问题的回答才是本书这项研究的关键，因为正是这种观点点明了这个假设——**说一种语言**是从事规则管控的行为。

关于规则的最后两个问题：**第一**，如果规则是真的，对违反者必须有惩罚吗？必须所有的规则都成为这样的规范吗？不。不是所有的构成性规则都有惩罚；难道违反棒球赛每队 9 人的规则有什么惩罚吗？事实上，怎么可能违反象棋的构成性将军规则，或橄榄球的触地得分规则？这种违反

41

是不可理喻的。**第二**，人们能在无知的情况下遵守一条规则吗？有人担心，我声称语言具有我们才**发现**的规则，尽管我声明我们一直在遵守规则。但是，看一个明显的音系学例子吧：在我的方言里，"linger"（逗留）和"singer"（歌手）不押韵，"anger"（愤怒）和"hanger"（衣架）也不押韵，尽管从拼写看，这两对词应该押韵。但是，"linger"和"anger"在 /ŋ/ 音位后有一个 /g/ 音位，"singer"和"hanger"却只有 /ŋ/ 音位，因此，它们分别读作 /siŋər/ 和 /liŋgər/。如果你找到一系列这样的例子，你就会看出有一条规则：当一个词源自动词时，/g/ 音位不出现；当它不是源自动词时，/g/ 就会单独发音。例如，"sing"："singer"；"hang"："hanger"；"bring"："bringer"；但是"linger""anger""finger"（手指）及"longer"（更长）不是源自动词"ling""ang""fing""long"。而且，我要说这是一条规则，不只是规律性。这一点可以从两个事实看出来：我们把违规的情况看作'发音错误'；这条规则有投射性，能覆盖新的案例。例如，假设我们从动词"to long"（渴望）杜撰一个名词"longer"。"longer"＝**一个渴望的人**。那么，在句子"This longer longs longer than that longer"（这个渴望者比那个渴望者渴望的时间更长）里，第一个和最后一个"longer"的发音都没有音位 /g/，然而中间那个"longer"就有硬 /g/。不是所有的英语方言都有这条规则，我不声称没有例外——尽管如此，这是一条好规则。我觉得，很明显这是一条规则，而且，这是一条我们不一定知道（在有能力制定的意义上）我们遵守的规则。

  这种例子对当前研究的意义是：有时为了恰当地解释一种人类行为，我们必须假定，它是按照规则做出的，即使行事者自己可能无力陈述该规则，甚至可能没有意识到他在按照规则行事。所谓行事者知道如何做某事只能根据这个假定才能合适地解释，即他知道（获得、内化、习得）了如此这般的一条规则（即使在一个重要意义上，他可能不知道他知道该规则），或者他之所以做了他所做的，部分原因是因为存在这条规则。规则管控的行为（而不只是规律性行为）的两个标志是：我们一般把偏离模式的行为看成是错误的、有缺陷的,而且,规则(不像过往的规律性)能自动地覆盖新案例。面对他从前没有见过的案例,行事者知道如何应对。

2.6 意义

行事行为一般是在讲说声音或刻画符号时实施的。那么,**只是**讲说声音或刻画符号同实施行事行为有什么区别呢?一个区别是,我们在实施行事行为时产出的声音或符号一般认为是**有意义的**;第二个相关的区别是,我们一般被认为通过讲说声音或刻画符号**表示某种意思**。一般来说,当我们说话时,我们通过所说的话表示某种意思;我们所说的话,我们发出的一串声音,一般认为是有意义的。顺便提及,这是实施言语行为和玩游戏之间的类比的另一个破裂之处。象棋这样的游戏的棋子一般是不认为有意义的,当我们移动棋子时,一般也不说这一步表示什么意思。

但是,是什么使我们能通过所说的话表示某种意思?是什么使某种东西有了意义?要回答第一个问题,我想借用并修改一下保罗·格莱斯的观点。在题为《意义》[①]的文章中,格莱斯就"非自然意义"概念提出了下列分析[②]:说一个说话人 S 通过 X 表示某种意思,就是说 S 意图通过使听话人认出其意图的方法,使其话语 X 在听话人 H 身上产生某种效果。尽管我不认为这是一个恰当的解释(理由下文阐明),我认为这是一个关于意义的非常有用的说明的起始。首先,因为它把意义和意图联系起来了;其次,它抓住了语言交际的下列基本特征:说话时,我试图通过使听话人认出我只传递某种特定思想的意图向其传递这种思想。我使听话人认出我实现那种效果的意图,从而在听话人身上实现了该效果,而且,一旦听话人认出了我所意图实现的效果,这个效果一般就实现了。一旦他认出我在

---

① *Philosophical Review* (July 1957), pp. 377–388.

② 他区分"mean"的"意义 *nn*"("non-natural meaning"(非自然意义))与其在"Clouds mean rain"(乌云示意有雨)和"Those spots mean measles"(这些斑疹示意麻疹)中的涵义。

讲说所讲说时的意图就是我这么言说的意图，他就理解了我所言说的。

我用一个简单例子来说明这一点。当我说"哈啰"（Hello）时，我意图在听话人身上产生一种认识——他得到问候。如果他认出我的意图是在他身上产生那种认识，那么，他就因此获得了那种认识。

不管这种对意义的说明多么有价值，我觉得它至少在两个关键方面是有缺陷的。首先，它没有说明意义在多大程度上是规则或规约问题。这种对意义的说明没有展示我们通过所说的话表示的意义，同所说的话在语言里实际表示的意义之间的关系。其次，把意义界定为所意图的效果混淆了行事行为与取效行为。简单地说，格莱斯实际上用意图实施取效行为界定了意义，而言说某事并表达该意思是一个意图实施行事行为的问题，不一定是取效行为。我现在解释这两个反对意见，并设法修正格莱斯对它们的处理方法。

为了说明第一点，我将提出这种意义分析的一个反例。这个反例的作用是说明说话人意义和他所讲说的词本身的意义之间的关系。

假设我是二战中的美国士兵，我被意大利军队俘虏了。同时假设我想让意大利人相信我是德国士兵，以便他们能释放我。我想做的是，用德语或意大利语告诉他们我是德国士兵。但是，让我们假设，我懂的德语或意大利语不多，没法那么做。所以，我似乎想演戏，想通过背诵我知道的一点德语，告诉他们我是德国士兵（希望他们不懂多少德语，不能看穿我的把戏）。让我们假设我只记得从中学德语课本上背下来的一句诗行。于是，我，一个被俘的美国人，对我的意大利捕获者说了下列句子：Kennst du das Land wo die Zitronen blühen?（你知道那个柠檬树开花的国家吗？）[1]现在，让我们用格莱斯的术语描写这个情景。我意图在意大利人身上产生

---

[1] 如果在这种情境下有人会意图用这样一句话产生预想的效果显得可能性不大，给这个例子增加一些想象的成分应该会增加其可能性，如，我知道捕获者知道这个地区有德国士兵穿着美国军装。我知道他们得到指示，要寻找这些德国人，并且一旦他们显示身份就释放他们。我知道他们对长官撒了谎，说自己懂德语，实际上却不懂，等等。

某种效果，即相信我是德国士兵的效果，并且我意图用他们认出我意图的方法产生这种效果。我意图他们会认为我试图告诉他们的是"我是德国士兵"。但是，从这个说明能得出这个结论吗——当我说 Kennst du das Land... 等时，我的意思是"我是德国士兵"？不！不仅不能得出这个结论，而且在这种情况下我觉得我不会说，当我说德语句子时，我的意思是"我是德国士兵"，或者甚至"Ich bin ein deutscher Soldat"，因为这些词的意思，也即我所记得的它们的意思是"Knowest thou the land where the lemon trees bloom?"（你知道那个柠檬树开花的国家吗？）。当然，我想要捕获者受骗，认为我的意思是"我是德国士兵"，但是，为此要做到的一点是，得让他们认为我所讲说的词在德语里就是那个意思。在《哲学研究》①中，维特根斯坦（在讨论另一个问题时）写道，"**言说'（这里冷）'，而示意'（这里热）'是不行的**"②。没有进一步的舞台背景时我们不能这么做的理由是，我们所能示意的至少有时是我们所言说的函项。意义不仅仅是意图问题，它至少有时也是规约问题。人们可能会说，按照格莱斯的说法，似乎每个句子都可以被用来表示任何意思，只要情景能够使合适的意图成为可能。但是，这样的结果是，句子意义变成了不过是另一种情景。

格莱斯的理论可以被修正以应付这种反例。我们这里有个案例，我意图通过使听话人认出我有产生某个效果的意图而产生这种效果，但是我用来产生这个效果的手段（按照管控这个手段的规则）是规约性地用于产生非常不同的行事效果（illocutionary effect，简称 IE）的，不存在允许我们言说一事，但示意完全无关的另一事的舞台背景或条件。因此，我们必须重新表述格莱斯的意义理论，以便说明我们讲说一句话时所表示的意义，

---

① 第 510 节。
② "是不行的"是我加上去的，否则，这个句子不成立。但是，塞尔的理解是错误的。维特根斯坦没有说"不能这么说"。他的原话是：Make the following experiment: say "It's cold here", and mean "It's warm here". Can you do it? —And what are you doing as you do it? And is there only one way of doing it? (trans. by G. E. M. Anscombe, 1963, Basil Blackwell Ltd)。——译者

不仅仅任意地联系于该句子在我们所用语言中的意义。在分析行事行为时，我们必须覆盖意图和规约两方面，特别是这两者之间的关系。在实施字面讲说一个句子的行事行为时，说话人意图通过使听话人认出其意图产生某种效果的方法产生这种效果；而且，如果他在字面上使用该词语，他意图这种辨认能实现，是因为他所讲说的表达式的使用规则把该表达式跟产生该效果联系在一起了。我们在分析行事行为时需要表达的正是这种成分的**结合**。

现在我转向对格莱斯理论的第二个反对意见。实际上，该理论认为，言说某事并示意该事是意图实施取效行为。在格莱斯给出的例子中，所提到的效果无一例外都是事后的。而我想说的是，言说某事并示意该事是意图实施行事行为。首先，不可能是这种情况——用来示意的讲说的意图效果一般都是事后的，因为很多用于实施行事行为的句子没有跟它们的意义相连的事后效果（perlocutionary effect，简称 PE）。例如，问候就没有相连的事后效果。当我说了"哈啰"并示意问候，我不一定意图在听话人身上产生或引发任何状态或行动，除了他得到了问候这个认识。但是，该认识只是他对我的所言的**理解**，并不是什么附加的反应或效果。而且，允诺没有（区别于坚定的关于意图的陈述和强调的预测的）事后效果。三者都会在听话人身上造成对将来的预期，但是，"I promise"（我允诺）的意思不等于"I predict"（我预测）或"I intend"（我意图）。任何关于意义的理论都必须展示当我说"我允诺"或"哈啰"并表示该意义时，我在完全一样的意义上用"mean"这个词，就像我说"滚出去"并表示该意义时那样。然而，格莱斯的理论似乎只适用于这三个句子中的最后一个，因为这是唯一的一个在日常用法中讲说并示意它的说话人，意图在听话人身上产生格莱斯所讨论的'效果'的句子。"滚出去"这个句子的意义跟一个特定的意图的事后效果绑在一起，即要听话人离开。"哈啰"和"我允诺"的意义都没有跟特定的事后效果绑在一起。

第二，即使在一般有一个对应的事后效果的情况下，我可以言说某事并示意该事，而不在实际上意图产生该效果。例如，我可以做出一个陈述而不在意听众是否相信，只是因为我觉得有义务陈述该事。

第三，一般不是这种情况——当 A 跟 B 说话，企图告诉他某个信息时，A 意图 B 相信 A 的理由（甚至理由之一）是 A 意图他相信 A。如，当我读一本哲学著作时，有各种各样的理由相信或不相信作者的所言，但是，这不是我相信作者所言的一个理由——我认出他意图我相信他。除非他是格外自我中心的作者，这也不会是他的意图——我应该相信他因为我认出他意图我相信他。格莱斯的这种自反意图对于事后效果不会奏效。

那么，它怎么才能奏效呢？让我们回忆一下我们试图解释的一些事实。与人类的大多数其他行为不同，人类交际有一些特别的性质。其中一个最特别的是：如果我正试图告诉某人某事，那么（假设某些条件得到了满足）一旦他认出我正试图告诉他某事以及我正试图告诉他确切何事，我就成功地告诉了他该事。而且，除非他认出我正试图告诉他某事以及我正试图告诉他何事，我就没有完全成功地告诉了他该事。就行事行为而言，我们通过使听众认出我们正试图做的事，成功地做了我们正试图做的事。但是，在听话人身上的'效果'不是信念或反应，而只是听话人理解了说话人的讲说。这种效果正是我所谓的行事效果。那么，作为第一个表述，自反意图奏效的方式是：说话人 S 意图通过使听话人 H 认出 S 产生行事效果 IE 的意图这个方法在 H 身上产生了 IE。[①]

意义所旨在的效果一般是理解，但是理解不是格莱斯的效果例子中包括的那种效果。它不是事后效果。我们也不能修改格莱斯理论，使意义可

---

① 顺便提及，这种表述避免了斯特劳森援引的那种反例。(P. F. Strawson, 'Intention and convention in speech acts', *Philosophical Review* (October 1964), pp. 439–460.) 在斯特劳森的例子里，S 意图通过使 H 认出 S 要他相信的意图这个方法使 H 相信他。但是，S 根本不是在实施行事行为。一旦规定该意图是为了保证行事效果，这种反例就被消除了。当然，如何在没有循环或没有无限倒退的意图的情况下，说明什么是行事效果这个新问题还存在，但是，这个问题我们将晚些时候再讨论。

以用理解来分析。那样循环论证的味道太浓，人们感觉意义和理解的联系太紧密，以至于后者不能作为分析前者的基础。所以，我将在分析行事行为时，用（一些）所讲说句子的成分的有关规则，以及听话人对该句子受到这些规则制约的认识，解开理解字面话语这个难题。

我对格莱斯理论的前两个反对意见是连在一起的，如果它们合理，那么应该会开始出现下列图景：在说话人这边，言说某事并示意该事跟意图在听话人身上产生某种效果是紧密相连的；在听话人这边，理解说话人的话语跟辨认他的意图是紧密相连的。在字面话语的情况下，说话人和听话人之间的桥梁是由他们的共同语言提供的。下面是该桥梁的工作机制：

1. 理解一句话就是知道其意义。

2. 句子的意义是由规则决定的，这些规则指明了讲说该句子的条件和该讲说算作什么行为。

3. 讲说一个句子并表示其意义是（a）意图（i-1）使听话人知道（认出、意识到）某些规则所指明的事态成立，（b）意图通过使听话人认出 i-1[①] 的方法使其知道（认出、意识到）这些事情，以及（c）意图由于他知道所讲说句子的规则而使他认出 i-1。

4. 该句子于是提供了一种规约方法，以实现在听话人身上产生某种行事效果的意图。如果说话人讲说该句子并表示该意义，他就会具有（a）、（b）、（c）三个意图。听话人对该讲说的理解，就是这些意图的实现。如果听话人理解了该句子，即知道其意义，即知道管控其成分的规则，那么这些意图一般就会实现。

让我们用一个非常简单的上文用过的例子来说明这几点——"哈

[①]（b）难道不能完全免除吗？我认为不能。S 不仅必须意图由于 H 知道句子意义而产生 IE，他还必须意图 H 认出 S 之所以讲说该句子就是为了产生 IE。这涉及他应该这样认识该讲说这个意图。在他认出意图 1 之前，H 不理解 S。一旦他认出意图 1，他就理解了 S。因此，产生理解这个意图似乎涉及 H 应该认出意图 1 这个意图。

啰"这个句子的讲说。1. 理解"哈啰"这个句子就是知道其意义。2. "哈啰"的意义是由指明该讲说的条件和该讲说算作什么行为的语义规则决定的。这些规则指明了在某些条件下讲说"哈啰"算作说话人对听话人的问候。3. 讲说"哈啰"并表示其意义是（a）意图使听话人认出他正在被问候，（b）意图通过使他认出说话人问候他的意图的方法使其认出他正在被问候，以及（c）意图由于他知道"哈啰"这个句子的意义而使他认出说话人问候他的意图。4. "哈啰"这个句子于是提供了一种问候别人的规约方法。如果说话人讲说"哈啰"并表示该意义，他就会具有（a）、（b）、（c）三个意图。在听话人这边，听话人对该讲说的理解，就是这些意图的实现。如果听话人理解了"哈啰"这个句子，即理解其意义，即理解在某些条件下讲说它就算作问候，那么这些意图一般就会实现。在描述这个例子时，我用了"问候"这个词，这是一种行事行为的名称，所以，如果孤立地把这个例子作为意义分析来呈现，它是循环的，因为问候这个概念已经涉及了意义概念。但是，这仅仅是这个例子的特征，不是这种分析的特征，因为最终这种分析用的是规则，是听话人对规则的了解，因此，不会在分析中明确用到涉及"示意"的词项作为其本身意义的一部分。

我们可以把格莱斯原先对意义 nn 的分析与我对言说某事并示意该事这个不同概念的修订分析小结区分如下：

1. 格莱斯原先的分析

    说话人 S 通过 X 示意 nn 某事 =

    （a）S 意图（i-1）X 的讲说 U 在听话人 H 身上产生某种事后效果 PE。

    （b）S 意图 U 会通过认出 i-1 的方法产生 PE。

2. 修订后的分析

    S 讲说了句子 T 并表示这个意思（即，表示所言的字面意思）=

    S 讲说 T，并且

    （a）S 意图（i-1）T 的讲说 U 使听话人 H 知道（认出、意识到）（某些）规则指明的事态成立。（把这叫作行事效果 IE）

(b) S 意图 U 会通过 H 认出 i-1 的方法产生 IE。

(c) S 意图由于 H 知道（某些）管控 T 的成分的规则，或通过 H 知道（某些）管控 T 的成分的规则这种方法，i-1 会被认出来。

2.7 原始事实与机制事实之分

我们对世界的构成及相应的关于这个世界的知识的构成，有某种图景。这个图景容易辨认，却很难描写。关于世界的图景由原始事实组成，关于世界的知识事实上是关于原始事实的知识。我这么说的部分意思是，关于知识有一些范例，这些范例被用来形成一切知识的模型。这些范例互相差别很大——从"这块石头靠近那块石头"到"物体互相吸引，其引力大小与它们之间的距离的平方成反比，而与物体的质量成正比"到"我有点痛"，但是，它们有一些共同特征。人们可能会说，它们共享的特征是：组成知识的概念基本上是物理的，或者按二元论的说法，要么是物理的，要么是心理的。这种系统知识的模型是自然科学，而所有这种知识的基础一般认为是记录感觉经验的简单经验观察。

很明显，很多分明是陈述事实的语言并不是由这个图景中的概念组成的。[①] 众所周知，伦理学和美学的陈述不容易被吸收进这个图景，接受这个图景的哲学家倾向于说它们根本不是陈述，只是情感的表达，或者这样的陈述只是关于说话人的心理状态的自我陈述，如休谟（Hume）所言，是记录情绪的。我们不能说，处理伦理学和美学所造成问题的这些方法不可信，对其流行有任何妨碍，但是其流行程度至少证明了这个图景的力量。

除了伦理学和美学中的陈述的地位问题（它们反正是有争议的），有很多明显是客观的事实，根本不涉及意见或情绪或情感，很难（如果不是

---

① 参阅 G. E. M. Anscombe, 'On Brute Facts', *Analysis*, vol. 18, no. 3 (1958).

不可能）被吸收到这个图景中。任何报纸都会记录下列事实：史密斯先生跟琼斯小姐结婚了；道奇队在第 11 局以三比二赢了巨人队；格林被判了盗窃罪；国会通过了拨款法案。经典图景当然不容易解释这样的事实。就是说，这些事实陈述不能被缩减为一套关于事态的物理、心理特征的简单陈述。婚礼仪式、棒球赛、审判、立法行动涉及多种物理动作、状态、原生感觉，但是，只用这些词项对这些事件做出的说明，目前为止并不是对其作为婚礼、棒球赛、审判或立法行动的说明。物理事件和原生感觉只能在一定的条件和一定的机制背景下才能算作这些事件的一部分。

上文这一组陈述中记录的这些事实，我提议称之为**机制事实**（institutional fact）。它们确实是事实；但是，它们的存在（不同于原始事实的存在）预设了某种人类机制的存在。只有有了婚礼机制，某种形式的行为才构成史密斯先生跟琼斯小姐的成婚。同样，只有有了棒球赛机制，某些人的某种动作才构成道奇队在第 11 局以三比二赢了巨人队。在一个更简单的层次上，只有有了货币这个机制，我现在手中才有一张 5 美元纸币。去掉了机制，我所有的只是一张纸，上面有各种灰色、绿色的符号。[1]

这些"机制"是构成性规则系统。每个机制事实都有"X 在语境 C 下算作 Y"形式的规则（系统）做基础。我们的假设（说一种语言就是按照构成性规则实施行为）把我们牵涉进假设，即人们实施某种言语行为（如做出允诺）的事实是机制事实。因此，我们不准备用原始事实来分析这样的事实。

在此，让我们讨论一下用知识的原始事实概念来解释机制事实有什么不足。让我们研究我的论点：组成经典图景的概念不够丰富，不足以描写机制事实。为了说明这种不足，请想象一下用单纯原始词项描写机制事实会是什么样子。让我们想象一下一群训练有素的观察者只用原始事实陈述

---

[1] 原始事实，例如，我重 160 磅，当然需要某种衡量体重的规约，也需要某种语言机制以便用语言陈述，但是所陈述的事实却是原始事实，不同于它被陈述这个事实本身，后者是机制事实。

来描写美式橄榄球赛。他们可能怎么描写呢？哦，在一定的范围内，有很多话可以说，用统计技术的话，甚至可以制定一些'定律'。例如，我们可以想象，观察者看了一会儿以后会发现周期性聚拢律：在统计上有规律的间隔后，穿着同样颜色T恤的人聚成类圆形（碰头商讨战术）；而且，在同样有规律的间隔后，圆形聚拢后是线性聚拢（两队列队准备开赛），线性聚拢后是线性渗透现象。这样的定律是统计性质的，那也没什么不好。但是，不管我们想象观察者收集了多少这类数据，也不管我们想象他们从数据中得出了多少归纳性结论，他们仍然没有描写美式橄榄球。他们的描写缺什么？缺的是构成性规则支撑的所有概念，如触地得分、越位、比赛、得分、首攻、暂停等；因此，缺的是人们能用这些概念做出的关于橄榄球赛的所有真实的陈述。缺的这些陈述恰恰就是把场地上的现象描写为**橄榄球赛**的东西。其他的描写，对原始事实的描写，可以用机制事实来解释。但是，机制事实只能用作为其基础的构成性规则来解释。

我猜想，没有人会设法用原始事实来提供对橄榄球赛的描写，然而，奇怪的是，人们设法只用关于原始事实的概念结构来提供语言的语义分析，忽略基于原始规律性的语义规则。这些分析有的有表面上的可信性，因为语言行为中有规律性的东西要发现，就像我们想象中的橄榄球'科学'研究所发现的规律性。但是，实际出现的这种规律性，要么是刺激和反应之间的正常对应（如果在有盐的情况下，我发出声音"这里有盐吗？"，被问者会发出声音"是的"），要么是话语和事态之间的对应（"请递一下盐"这声音一般只会在有盐的时间和地点出现），在那些持有语义学的原始事实概念的人看来，它们一定完全没有得到解释。很明显，语言的原始规律性的解释（某些人类声音倾向于在某些事态下或受到某些刺激的时候发生）是，一种语言的说话人是在从事一种规则管控的有意行为。这些规则解释了规律性，跟橄榄球规则解释了橄榄球赛的规律性一模一样，没有这些规则，似乎就没有对这些规律性的解释。

第三章
行事行为的结构

对行事行为进行正式分析的基础现在已经准备好了。我将以允诺为我的第一个研究对象,因为作为行事行为它相当形式化,而且得到了清楚的表述;就像山区的地形,它把自己的地理特征表现得很突出。但是,我们将看到,它不仅仅有局部意义,从它身上得来的知识很多具有广泛的应用性。

为了分析允诺行事行为,我将研究什么是讲说一个给定句子时成功地无缺陷地实施允诺行为的充要条件。我将把这些条件陈述为一组命题,以此回答这个问题;这组命题成员的合取衍推这个命题——说话人做出了成功的无缺陷的允诺,而且说话人做出了这种允诺的命题衍推上述合取。因此,每个条件都是成功地无缺陷地实施允诺行为的必要条件,这组命题合起来就是实施这种行为的充分条件。行事行为会有各种可能的缺陷,但是这些缺陷并不是都能使整个行为失效。在有些情况下,一个条件可能真的是内在于该允诺行为观念的,并且可能在给定的情况下不能被满足,然而这个行为仍然会得到实施。在这种情况下,我会说这个行为是"有缺陷的"。我的行事行为的缺陷观念紧密联系于奥斯汀的"不适切"观念。[1] 并非所有的条件在逻辑上都相互独立。有时独立陈述一个条件是有价值的,尽管严格地说,它是被另一个条件所衍推的。

如果我们有这样一组条件,我们就可以从中抽取一组规则,用作行事

---

[1] J. L. Austin, *How to Do Things with Words* (Oxford, 1962),特别是第二、三、四讲。

语力指示手段。这里的方法类似发现象棋规则，我们问自己什么是充要条件，根据它我们可以被说成正确地移动了一个马，或把王车易位，或将了对方的军，等等。我们所处的地位相当于一个人学会了象棋，但从来没有表述过规则，而又想要这样表述。我们学会了如何玩行事行为游戏，但一般来说是在没有明确表述过规则的情况下，而得到这种表述的第一步是列出实施特定行事行为的条件。我们的研究因此服务于两个哲学目的。通过陈述实施特定行事行为的一组条件，我们将对该观念提出一个解释，同时我们也将为走向第二步（表述规则）铺路。

按照这种叙述，我的研究一定显得有点古典、过时的味道。语言哲学近期工作的一个最重要见解是，大多数日常语言的非专业性概念缺乏绝对严格的规则。**游戏**、**椅子**或**允诺**等概念都没有绝对压倒一切的充要条件，以致除非它们被满足，没有东西可以是游戏、椅子或允诺；而一旦它们在给定情况下被满足，这种情况就一定是，不可能不是，游戏、椅子或允诺。但是，这种对我们的概念的松散性的洞察，以及随之而来的"家族相似性"（family resemblance）的行话[①]，不应该导致我们对哲学分析这项事业本身的排斥；应该得出的结论是某些形式的分析，特别是关于充要条件的分析，很可能（在不同程度上）涉及所分析概念的理想化。就现在的案例而言，我们的分析将指向允诺概念的中心。我将忽略边缘性、次要的、有部分缺陷的允诺。这个路径的后果是，"允诺"这个词的日常用法可能产生不符合分析的反例。其中有些反例，我会讨论一下。它们的存在不能'否定'分析，只是要解释一下它们为什么（及如何）偏离了做出允诺的典范案例。

而且，分析时我将只讨论完全明晰的允诺，忽略由省略式、暗示、隐喻等方式做出的允诺。我也会忽略包含与允诺无关成分的句子在讲说时做出的允诺。我还只讨论决然性（categorical）允诺，忽略假设性允诺，因为如果我们有了决然性允诺的解释，它就很容易被延伸到假设性允诺。总

[①] 参阅 Ludwig Wittgenstein, *Philosophical Investigations* (New York, 1953)，第 66、67 节。

之，我将只讨论简单的理想化的案例。这种构建理想化模型的方法类似于大多数科学门类里的理论构建，如经济模型的构建，把行星当作一个点的太阳系理论等。没有抽象和理想化，就没有系统化。

这种分析的另一个困难源自我想没有循环地陈述这些条件。我想提出一些实施某种行事行为的条件，而它们自己不提到行事行为的实施。我需要满足这个条件，以便能提出解释一般行事行为的模式；否则我就只是展示不同行事行为之间的关系。然而，尽管不会提到行事行为，有些机制性概念，如"义务"，还会出现在分析项和被分析项中；我不准备把机制事实缩减成原始事实；因此，分析中没有缩减的动因。相反，我会把某些关于机制事实的陈述，"X做出了允诺"形式的陈述，分析成包含意图、规则、规则指明的事态等观念的陈述。有时这些事态本身就涉及机制事实。[①]

呈现条件时，我将首先考虑真诚的允诺，然后说明如何修改条件以容纳不真诚的允诺。因为我们的研究是语义的，不是句法的，我将直接认定存在语法合格的句子。

3.1 如何允诺——一种复杂的方式

如果说话人 S 当着听话人 H 的面讲说了句子 T，那么，当且仅当下列 1—9 个条件成立时，在 T 的字面讲说中，S 真诚地无缺陷地向 H 允诺了 p：

1. 正常的输入、输出条件成立。

我用术语"输入"（input）、"输出"（output）覆盖大量范围不定的，在其下可能进行任何严肃的字面的[②]语言交际的条件。"输出"覆盖说话

---

① 奥尔斯顿（Alston）实际上试图只用原始观念（除了规则这个观念）分析行事行为。如他指出，他的分析不成功。我认为不涉及机制性概念，他的分析是不会成功的。参见 W. P. Alston, 'Linguistic Acts', *American Philosophical Quarterly*, vol. 1, no. 2 (1964).

② 我用"严肃的"话语跟戏剧表演、语言教学、诗歌朗诵、语音练习等对照，用"字面的"跟隐喻、讽刺等对照。

要能听得懂的条件,"输入"覆盖有理解力的条件。两者合起来包括说话人和听话人都知道如何说这种语言这样的条件;两人都意识到他们在做什么;他们没有妨碍交际的生理障碍,如耳聋、失语症、喉炎;他们不是在演戏、开玩笑等。请注意,这个条件**既**排除了耳聋这样的妨碍交际的障碍,**也**排除了开玩笑、演戏这样的寄生形式的交际。

2. *S* 在讲说 *T* 时表达了 *p* 这个命题。

这个条件把命题跟言语行为的其他部分隔离开了,使我们在余下的分析中能够集中讨论作为行事行为的允诺的特殊之处。

3. 在表达 *p* 时,*S* 述谓了 *S* 的一个将来行为 *A*。

在允诺这个案例中,行事语力指示手段的辖域包括了命题的某些特征。在允诺时,说话人必须为自己述谓一个行为,而它不能是过去行为。我不能允诺做过某事,我也不能允诺别人将做某事(尽管我可以允诺监督他做某事)。我正在为当前目的而构建的行为观念包括抑制行为、实施一系列行为以及状态和条件:我可能允诺不做某事,我可能允诺反复做某事或按顺序做某事,我也可能允诺处于或保持某种状态或条件。我把条件 2 和 3 称作**命题内容条件**(propositional content condition)。严格地说,既然为对象述谓的是表达式,不是行为,这个条件应该被表述如下:在表达 *p* 时,*S* 述谓了 *S* 的一个表达式,其意义是,如果该表达式对于该对象为真,那么这将是真的——该对象将实施一个将来行为 *A*。[①]但是,这个说法有点绕,所以,我采用了上述转喻。

4. *H* 宁愿 *S* 做 *A*,而不是不做 *A*,而且 *S* 相信 *H* 宁愿他做 *A*,而不是不做 *A*。

允诺和威胁的一个关键区别是,允诺是保证为你做事,不是对你做事;威胁却是保证对你做事,不是为你做事。一个允诺是有缺陷的,如果允诺做的事是被允诺人不想要人做的;而且它也是有缺陷的,如果允诺人

---

① 参阅第二章关于述谓的讨论。

不相信被允诺人想要人做这事,因为无缺陷的允诺必须被意图看作允诺,而不是威胁或警告。更进一步,允诺,不像邀请,通常要求有某种场合或情景,表明需要这个允诺。这种场合或情景的关键特征似乎是,被允诺人希望(需要、渴望等)有人做某事,而允诺人意识到这种希望(需要、渴望等)。我认为这个双重条件的两半都是必要的,以避免相当明显的反例。[1]

然而,针对这个如上申述的条件,人们可以想出表面上的反例。假设我对一个懒惰的学生说:"如果你不按时交论文,我允诺我这门课会给你不及格。"这句话是允诺吗?我倾向于认为不是;我们会更自然地说它是警告或甚至可能是威胁。但是,为什么这种情况下可以用"我允诺"这个说法?我认为,我们在这里用它是因为"I promise""I hereby promise"是英语能提供的最强的**担保**(commitment)行事语力指示手段。为此,我们常常在实施言语行为时使用这些表达式,虽然严格地说它们不是允诺行为,但是我们想强调担保的强度。为了说明这一点,考虑一下另一个不同思路的该分析的表面反例。有时人们会听见有人在强调断言时说"I promise"。例如,假设我指责你偷钱。我说"你偷了钱,是不是?"你回答"No, I didn't, I promise you I didn't"(不,我没有,我发誓我没有)。你在这种情况下做出允诺了吗?我认为说你的话是允诺是非常不自然的。这句话应该说是"强烈否定"更合适,我们可以把这个行事语力指示手段"I promise"解释为真正允诺的派生物,在这里是给你的否定增加力度的一个表达式。

总的来说,条件 4 所申述的观点是,如果意向中的允诺要没有缺陷,被允诺的事必须是被允诺者想要人做的,或认为是对他有利的,或宁愿有人做这事而不是不做,等等;说话人必须意识到、相信或知道等等,这是

---

[1] 关于这个条件的有意义的讨论,参见 Jerome Schneewind, 'A note on promising', *Philosophical Studies*, vol. 17, no. 3 (April 1966), pp. 33–35。

这么一回事。我认为这个条件的更优雅更确切的表述可能需要引入福利经济之类的技术术语。

5. 对 S 和 H 都不明显的是，S 在常态情况下会做 A。

这个条件是适用于很多不同行事行为的总条件的一个示例，意思是该行为必须有意义。例如，如果我要求某人做某事，而很明显他已经在做或没有这个要求他也要做这事，那么，我的要求就没有意义，因而从这个角度看是有缺陷的。在实际说话情景中，听话人知道实施行事行为的规则，会认定该条件已被满足。例如，假设在一次公开演讲中，我对一个听众说"请注意，史密斯，请关注我的话语"。在理解这句话时，听众必须认定史密斯没有关注我的话语，或至少他是在关注我的话语这一点不明显，而他没有关注我的话语这个问题之所以会以某种方式出现，是因为提出无缺陷要求的条件是，听话人正在做或将要做所要求的事这一点不明显。

允诺也是一样。那是有问题的——我允诺做某事，而对所有有关的人来说，很明显我反正要做该事。如果我真的做了这个允诺，听众唯一能理解我的话语的方式是，认定我相信我要做所允诺的事这一点不明显。一个愉快地结婚的男人允诺他妻子，他不会在下周抛弃她，带来的可能更多的是烦恼而不是安慰。

顺便提及，我认为这个条件是齐夫定律[①]所申述的现象的一个示例。我认为就像大多数人类行为，在语言中有一条省力原则在起作用，在这个案例中是用最小的语音努力实现最大的行事目的这个原则；我认为条件 5 是该原则的一个示例。

我把条件 4 和 5 称为**准备条件**（preparatory condition）。虽然它们不申述基本特征，它们是合适允诺的必要条件。

[①] "齐夫定律"（Zipf's law）是哈佛大学语言学家 George Kingsley Zipf（1902—1950）1949 年在 *Human Behavior and the Principle of Least Effort*（《人类行为与省力原则》）中提出的。具体是指，一个单词的出现频率和其在频率表里的排名成反比。但是，塞尔在此实际是指齐夫提出的省力原则。——译者

6. S 意图做 A。

真诚允诺和不真诚允诺之间的区别是，在真诚允诺中，说话人意图实施允诺的行为；在不真诚允诺中，他不打算实施该行为。在真诚允诺中，说话人还相信他有可能实施该行为（或不实施该行为），但是，我认为他意图实施该行为这个命题衍推他认为有可能实施该行为（或不实施该行为），所以，我不把这算作额外的条件。我把这个条件称为**真诚条件**（sincerity condition）。

7. S 意图讲说 T 将使他有义务做 A。

允诺的基本特征是，承担了实施某种行为的义务。我认为这个条件区分了允诺（及这个家族其他成员如发誓）和其他行事行为。请注意，在申述这个条件时，我们只指明了说话人的意图；其他条件将说清楚这个意图会如何实现。然而，很清楚具有这个意图是做出允诺的必要条件，如果说话人能够证明他在一个给定的讲说中没有该意图，他就可以证明这个讲说不是允诺。例如，我们知道匹克威克先生[①]并不是真的允诺娶这个女人，因为我们知道他没有合适的意图。我把这叫作**基本条件**（essential condition）。

8. S 意图（i-1）在 H 身上产生这种认识（K）——T 的这种讲说使 S 有义务做 A。S 意图 H 用认出 i-1 的方法产生 K，而且他意图由于 H 知道 T 的意义（用 H 知道 T 的意义的方法）使其认出 i-1。

这个条件涵盖了我们修订过的格莱斯意义理论，即说话人把某讲说作为允诺时所表示的意义。说话人意图通过使听话人认出他产生行事效果的意图的方法产生该效果，他还意图这种辨认能够实现是由于这个事实——他所讲说的词项的意义规约性地联系于该效果的产生。在这种情况下，说话人认定管控所讲说的表达式的语义规则（它们决定表达式的意义）是这

[①] 匹克威克先生是 19 世纪英国作家狄更斯的长篇小说《匹克威克外传》（*The Pickwick Papers*）的主人公。这里提到的允诺指匹克威克同房东太太巴代尔之间的一个误会。——译者

样的：该讲说算作承担一项义务。总之，我们将在下一个条件看到的规则会使基本条件7中的意图能够通过做出该讲说而实现。条件8描写了该成就的实现过程，即说话人完成该任务的方法。

9. S和H所说的方言的语义规则是，当且仅当条件1—8成立，T才被正确而真诚地讲说了。①

这个条件意图表明，按照该语言的语义规则，所讲说的句子是用来做允诺的。它同条件8一起消除了上文讨论过的被俘士兵这样的反例。一个句子的意义是完全由其成分的意义（词汇意义和句法意义两者）决定的。换一个说法就是，管控其讲说的规则是由管控其成分的规则决定的。我们不久将设法制定管控其成分的规则，它们可以指明该行事语力是做允诺的行事语力。

我把条件1构建得很宽，所以，它同其他条件一起保证了H能理解所讲说的内容，即它同2—9一起衍推，由于H认出S产生行事效果K的意图而在H身上产生了该效果，而该辨认的实现是由于H知道T的意义。最后这个条件永远可以作为独立的条件：如果读者认为我要求输入输出条件保证听话人理解所讲说的内容是过分了，那么他可以把这一条作为独立的条件。

3.2 不真诚允诺

至此我们只考虑了真诚允诺的情况。但是，不真诚允诺仍然是允诺，我们现在需要说明如何修改条件才能把它们包括进来。在做不真诚允诺时，说话人没有那些做真诚允诺时的意图，特别是他缺乏实施所允诺的行为的意图。然而，他声称有这个意图。事实上，正是因为他声称拥有实际

---

① 就条件1而言，这个条件有点误导性。条件1是关于任何严肃的语言交际的总条件，不特别针对任何方言。而且，这个条件中用到的双条件排除了歧义句。我们必须认定T是无歧义的。

上没有的意图，我们才说他的行为是不真诚的。允诺都要表达意图，不管是真诚的还是不真诚的。所以，要包括不真诚的允诺，我们只需要把条件改成"说话人承担拥有该意图的责任"，而不是说他实际上拥有该意图。说话人确实承担这种责任的一个迹象是，他不能不荒唐地说，"我允诺做 A，但是我不打算做 A"。说"我允诺做 A"是承担打算做 A 的责任，不管该讲说是真诚的还是不真诚的，这个条件都成立。因此，要允许有不真诚允诺的可能，我们只需要修改条件6，使它不说"说话人意图做A"，只说"他承担打算做 A 的责任"。为了避免循环论证，我将把它措辞如下：

6a. S 意图讲说 T 将使他承担打算做 A 的责任。

这样修改（而且把"真诚地"从我们的被分析项和条件9中删除）以后，在允诺是否真诚的问题上，我们的分析就变成中性的了。

3.3 行事语力指示手段的使用规则

我们的下一个任务，是从这组条件中提取行事语力指示器的使用规则。很明显，不是所有的条件都跟这个任务同样有关联。条件1和形式是8、9的条件一般适用于各种常态行事行为，不是允诺特有的。允诺的行事语力指示器的规则应该对应于条件2—7。

使用允诺行事语力指示手段 Pr 的语义规则是：

规则 1. 只有在语境是 T 句子（或更大的语篇），而且其讲说述谓说话人 S 的某个将来行为 A 时，才讲说 Pr。我把这叫作**命题内容规则**。它是从命题内容条件2和3衍生出来的。

规则 2. 只有在听话人 H 宁愿 S 做 A，而不是不做 A，而且 S 相信 H 宁愿 S 做 A，而不是不做 A 时，才讲说 Pr。

规则 3. 只有对 S 和 H 都不明显 S 将在常态情况下做 A 时，才讲说 Pr。我把规则2和3叫作**准备规则**，它们是从准备条件4和5衍生出来的。

规则 4. 只有在 S 意图做 A 时才讲说 Pr。我把这叫作**真诚规则**，它是从真诚条件 6 衍生出来的。

规则 5. 讲说 *Pr* 算作承担了做 *A* 的义务。我把这叫作**基本规则**。

这些规则是有序的：只有在规则 1 得到满足时，才适用规则 2—5，只有在规则 2 和 3 也得到满足时，才适用规则 5。我们一会儿将看到，这些规则有些似乎只是非常普遍的行事行为基础规则在允诺中的特别体现；最终我们似乎应该有能力把这些因素析出来，所以它们最后不会被识解为只适用于允诺的行事语力指示手段，而不是其他种类的行事语力指示手段。

请注意，规则 1—4 采用准祈使句形式，即它们是这个形式：只有在 *x* 时，才讲说 *Pr*；而规则 5 是这个形式：讲说 *Pr* 算作 *Y*。因此，规则 5 是构成性规则系统特有的，我在第二章讨论过。

同时请注意，与游戏的令人生厌的类比非常有效。如果我们问自己，在什么条件棋手可以被说成正确地移动了马，我们发现有准备条件，如必须是轮到他走了的；也有基本条件，说明马可以移动过去的实际位置。对于竞争性游戏，甚至也有真诚条件，如不能欺骗，不能试图'推翻'游戏。当然，相应的真诚'规则'不是个别游戏特有的，而是普遍适用于竞争性游戏的。游戏通常没有命题内容规则，因为游戏一般不表征事态。

在自然语言的实际语言描写中，1—5 这样的规则会附着于什么成分？为了方便论证，让我们假设乔姆斯基-福多尔-卡茨-波斯特尔[①]的句法和语义学理论是正确的。那么，我觉得行事行为规则非常不可能直接附着于任何由句法部分生成的成分（形素、语素），除了祈使句这样的少数案例。就允诺而言，这些规则更可能附着于语义部分的组合操作后的输出。这个问题的部分答案取决于我们能否将所有行事行为简化为少数几种基本的行事行为类型。如果能，那么句子的深层结构更可能有一个简单的行事类型表征。

---

① 例如，参阅 J. Katz and P. Postal, *An Integrated Theory of Linguistic Descriptions* (Cambridge, Mass., 1964)。

3.4 分析的延伸

如果本分析具有超出允诺案例的普遍意义，那么，这些区分似乎应该适用于其他行事行为，我认为稍加思考就能说明它们的确适用。例如，考虑一下发布命令。其准备条件包括说话人应该是听话人的上级，真诚条件是说话人希望有人按命令行事，基本条件跟这个事实有关——说话人意图其讲说是要使听话人执行该行为。对于断言，准备条件包括听话人必须有一些根据来假设所断言的命题是真的，真诚条件是说话人必须相信这是真的，基本条件跟这个事实有关——所呈现的命题表征了一种实际事态。问候是简单得多的言语行为，但是，有些区分甚至适用于问候。讲说"哈啰"没有命题内容条件，也没有真诚条件。其准备条件是，说话人必须刚刚碰见听话人，基本条件是该讲说算作他已认出听话人的一种客气的表示。我们可以把这种涉及很多行事行为的信息表征为下页的表。

根据此表，我们可以制订并测试关于行事行为的一些一般假设：

1. 当某真诚条件指明一种心理状态时，实施该行为就算作对该心理状态的**表达**。不管该行为是否真诚，即不管说话人实际上是否拥有所指明的心理状态，这个定律都成立。因此，断言、确认、陈述（某命题 p）算作**表达了相信**（该命题 p）。请求、要求、命令、恳求、吩咐、祈求、号令（某行为 A 被实施）算作**表达了希望、渴望**（该行为 A 被实施）。允诺、发誓、威胁、保证（某行为 A）算作**表达了意图**（去实施 A）。感谢、欢迎、祝贺算作**表达了感激**、（对 H 的来临的）**满意**或（对 H 的好运的）**满意**。[①]

2. 第一条定律的反面是，只有当某行为算作表达了一种心理状态时，

[①] 顺便提及，这条定律提供了解开穆尔悖论的出路：我不能既断言 p 又不相信 p 这个悖论（即使 p 这个命题和我不相信 p 这个命题并不冲突）。

行事行为类型

断言、陈述、确认

	任何命题 p。	问题① 任何命题或命题函项。
命题内容		
准备规则	1. H 有证据（理由等）相信 p 为真。 2. 对 S 和 H 两者都不明显，p（不需要被提醒）。	1. S 不知道 "答案"，即不知道该命题是否为真，或在命题函项的情况下，不知道该用什么信息补充完整命题。（但是参见下文的评述）。 2. 对 S 和 H 两者都不明显，当时 H 会主动提供信息。
真诚规则	S 相信 p。	S 需要该信息。
基本规则	算作一种保证，即 p 表征实际事态。	算作从 H 那里得到信息的尝试。

评述：命令和号令还有额外准备规则——S 必须是 H 的上级。号令可能没有"要求不明显"这个'语用'条件。而且，命令和号令中的权力关系会影响基本条件，因为评议是由于 S 必须是 H 的上级才算作使 H 做 A 的尝试。

不同于论证。这些行为似乎跟说服效有必然的联系。例如，"I am simply stating that p and not attempting to convince you"（我只是在陈述 p，并不想说服你）是可以接受的，而 "I am arguing that p and not attempting to convince you"（我在论证，并不想说服你）却听起来自相矛盾。

有两种问题：(a) 真实问题，(b) 考试问题。在真实问题时，S 想要知道答案；在考试问题时，S 想要知道 H 是否知道答案。

劝告

	警告
	H 的将来行为 A。	将来事件、状态等 E。
命题内容		
准备规则	1. H 有理由相信 A 使 H 获益。 2. 对 S 和 H 两者都不明显，H 将在常态情况下执行 A。	1. S 有理由相信 E 将发生，并且不符合 H 的利益。② 2. 对 H 不明显，E 将发生。
真诚规则	S 相信 A 将使 H 获益。	S 相信 E 不符合 H 的最大利益。③

感谢

命题内容	H 的过去行为 A。
准备规则	A 使 S 获益，并且 S 相信 A 使其获益。
真诚规则	S 由于 A 而由衷感激或赏识。

表达感激之情的一种方法，而允诺就不仅仅是表达一种意图。

"要求"、把"劝告"与"催促""倡导""推荐"比较一下，将很有意义。

"劝告"不是像"要求"那样设法使你做某事。劝告更像告诉你什么是最好的选择。

	问候	祝贺
命题内容	无。	跟 H 有关的事件，行为等 E。
规则 准备	S 刚刚碰到（或被介绍给，等等）H。	E 符合 H 的利益，并且 S 相信 E 符合 H 的利益。
类型 诚	无。	S 对 E 很满意。 ↓
基本	算作 S 已认出 H 的客气的表示。	算作对 E 满意的表示。
评述：		"祝贺"类似"感谢"，表达了真诚条件。

① 在"提出问题"的意义上，不是在"疑惑"的意义上。

② 原文为"H has reason to believe ..."（H 有理由相信……），我们认为这是作者的笔误，应该是"S has reason to believe ..."（S 有理由相信……）。——译者

③ 原文为"It is not obvious to both S and H ..."（对 S 和 H 都不明显……），我们认为这也是作者的笔误，应该是"It is not obvious to H..."（对 H 不明显……）。——译者

为，它不一定使你采取避让行动的尝试。请注意，上述说明是关于决然性警告的，不是关于假设性警告的。大多数警告都可能是假设性的，如"If you do not do X then Y will occur."（如果你不做 X，Y 就会发生。）

才有可能不真诚。例如，人们不能不真诚地问候、命名，但是，可以不真诚地陈述、允诺。

3. 真诚条件告诉我们，说话人实施该行为时**表达**了什么，而准备条件则告诉我们（至少部分是），他实施该行为时**蕴涵**了什么。更一般地说，在实施任何行事行为时，说话人蕴涵该行为的准备条件得到了满足。例如，当我做出陈述时，我蕴涵我可以支撑它；当我做出允诺时，我蕴涵所允诺的事是符合听话人利益的。当我感谢某人时，我蕴涵我所感谢的这件事情使我获益了（或至少是意图让我获益的），等等。

如果我们能够用基本条件说明**言说**，平行于关于**蕴涵**和**表达**的说明，那将是非常对称的。其诱惑在于可以说，说话人**蕴涵**了准备条件（得到了满足），**表达**了真诚条件（所指明的状态），**言说**了基本条件（不管其指明的是什么）。这种平行之所以被打破，是因为言说跟叙事类行事行为关系紧密。言说适合于陈述，却不适合于问候。事实上，奥斯汀最初提出施为句是因为有些讲说不是言说，而是某种行动。但是，这个观点可能被夸大了。一个人说"我（就此）允诺"时，他不仅允诺了，而且**言说**了他允诺。① 换言之，言说和叙事句确实有关系，但是，这关系可能不像人们想象的那么密切。

4. 当语境和话语表明基本条件已得到满足时，某个行为有可能在不援引明确行事语力指示手段的情况下得到实施。我可以只说"我将为你做这个"，但是在明显是说了这个我就接受了（或承担了，等等）一个义务的语境下，这句话就会被算作或将被理解为一个允诺。事实上，很少有人会实际上需要明确地说"我允诺"。同样，我可以只说"我希望你不会做这事"，但是在某些语境下，这句话不只是表达了一个希望，比如出于写自传的目的。它将是一个要求。而且，在说这句话的目的是使你停止做某事

---

① 如奥斯汀自己指出的，见 'Other minds', *Proceedings of the Aristotelian Society*, supplementary vol. (1946)；重印见 J. L. Austin, *Philosophical Papers* (Oxford, 1961)。

的语境下，即要求的基本条件得到满足时，它就是一个要求。

说话的这个特征——一句话在某种语境下可以不使用明确的适合某基本条件的行事语力指示手段而表明该基本条件得到了满足——是很多礼貌用语的来源。例如，"你可以为我做这事吗？"这句话尽管有词汇意义和疑问行事语力指示手段，一般不是用作关于你的能力的虚拟问题，它一般用作要求。

5. 当一句话的行事语力不明确时，它总是可以被表达明确的。这是可表达性原则（凡能被示意者皆能被言说）的一个示例。当然，一种给定的语言可能不够丰富，不能使说话人言说任何他们想示意的东西，但是原则上没有障碍可以阻止它得以丰富。这个定律的另一个应用是，凡能被蕴涵者皆能被言说，尽管如果我的准备条件是正确的话，言说任何话语都不可能不蕴涵其他内容。

6. 图表中的重叠条件说明有些行事行为实际上是其他行为的特殊案例；例如提问实际上是要求的一个特殊案例，即要求信息（真实问题）或要求听话人展示知识（考试问题）。这解释了我们的直觉——要求形式的话语"请告诉我第一任美国总统的名字"，其语力等同于问题形式的话语"第一任美国总统的名字是什么？"这也部分地解释了为什么动词"ask"既用于要求，也用于提问，如"He asked me to do it"（他要我做这事）（要求）和"He asked me why"（他问我为什么）（提问）。

一个非常重要但又困难的问题是：有没有（所有或大多数行事行为都可以被减缩成的）基础行事行为？换言之，行事行为的基础种类是什么？在每一种基础行为中又有什么统一的原则？回答这些问题的部分困难是，那些能把一种行事行为与其他不同的行为区别开来的原则是非常多样的（参见下文 8）。[①]

[①] 在这方面，奥斯汀把行事行为分成五类的方案显得有点不寻常。*How to Do Things with Words*，第 150 页以次。

7. 一般来说，基本条件决定了其他条件。例如，既然"要求"的基本规则是该话语算作使 H 做某事的尝试，那么，命题内容规则就必须涉及 H 的将来行为。

如果真的是这种情况——其他规则是基本规则的函项，如果其他规则中的一些常常以同一模式重复出现，那么这些重复的规则应该可以被删除。特别是"不明显"这个准备条件在那么多行事行为中出现，我认为它不应该是独立的规则，不只是讲说某个特定的行事语力的指示手段，而是行事行为的普遍条件（而且其他行为也类似），其意思是该行为是有缺陷的，如果依靠基本条件的满足才能实现的目的早已被实现了。例如，如果他无论如何都会做某事这一点非常明显，再告诉他去做该事就没有意义了。但是，这不是关于要求的**特殊**规则，就像棋手只有在轮到他走子的时候才能移动马不是关于马的特殊规则一样。

8. 行事语力和不同行事行为概念真的涉及好多相当不同的区分原则。第一重要的是，一个行为的目的或意义（例如陈述和提问之间的不同）；第二，S 和 H 之间的相对地位（要求和命令之间的不同）；第三，承诺的程度（单纯的意图的表达和允诺之间的不同）；第四，命题内容的不同（预测和报告之间的不同）；第五，命题跟 S 和 H 的利益关系的不同（吹嘘和哀悼之间的不同，警告和预测之间的不同）；第六，所表达的心理状态的不同（作为意图表达的允诺和作为信念表达的陈述之间的不同）；第七，话语和会话其余部分的不同联系（只是回答某人所说的话和反对其所说的话之间的不同）。所以，我们决不能假设，如"语力"这个隐喻所示，不同的行事动词只标示单一层面上不同的点。相反，'行事语力'有几个不同的层面，英语的行事动词在这些不同的层面上位于某个点，而不是其他的点，这个事实在某种程度上是偶然的。例如，我们可能会有一个行事动词"rubrify"，表示把某个东西叫作"红色的"。因此，"I hereby rubrify it"只是表示"这是红色的"。同样，我们碰巧有个过时的动词

"macarize"，表示把某人形容为快乐的。①

因为行事语力有好几个不同的维面，也因为同一个讲说行为在实施时可以有很多不同的意图，有必要认识到同一个讲说可能实施了几个不同的行事行为。几个不同的非同义行事动词可能都准确地描述同一个讲说。例如，假设一位妻子在晚会上说"时间真的很晚了"。这句话在一个意义上可以是陈述事实；但对刚刚说了时间还很早的对话者来说，这句话可以是（并意图是）反驳；对她的丈夫，这句话可以是（并意图是）建议，甚至要求（"我们回家吧"），也可以是警告（"如果再不走，你明天早晨会不舒服的"）。

9. 有些行事行为动词可以用意图的事后效果来定义，有些不行。例如，"要求"根据其基本条件是使听话人做事的尝试，但是，"允诺"基本上跟听话人身上的这种效果或反应无关。如果我们可以根据事后效果来分析所有的（或甚至是大多数）行事行为，不用援引规则就可以分析行事行为的前景将大大增加。这是因为那样一来语言就可以被看作仅仅是一种获取（或尝试获取）自然反应或效果的规约手段。行事行为基本上就不涉及任何规则。理论上，这种行为可以在语言内外实施：用语言实施这种行为就是用一种规约手段去实施，而它也可以不用规约手段实施。因此，行事行为可以是（有选择地）规约的，但是完全不是规则管控的。

很明显，根据上文所述，我认为，把行事行为缩减为取效行为，并因此取消规则，很可能是不能采纳的。正是在这点上，奥斯汀的、我的、（我认为）维特根斯坦的所谓机制性交际理论同所谓的自然主义意义理论，比如那种依赖刺激反应的意义理论，分道扬镳了。

---

① 其中第一个例子来自保罗·格莱斯，第二个来自彼得·吉奇（Peter Geach），见 'Ascriptivism', *Philosophical Review*, vol. 69 (1960), pp. 221–226。

第四章
作为言语行为的指称

本章和下一章将深入命题内部，探究指称和述谓这两个命题行为。我们关于指称的讨论将只限于单数有定指称，在这个意义上它不是完整的指称理论。我们将看到，仅单数有定指称就有很多问题，但是，在清楚认识它们之前我们几乎不可能清楚其他种类的指称。

单数有定指称观念是非常不能令人满意的，但是，我们几乎不能不用它。最明显的指称表达式是专名，但是，一旦我们讨论其他表达式（如单数有定描述语），我们就发现它们中有些是指称表达式，有些很明显不是，还有一些则处于两者之间。而且，有些专名不是指称性的，如"刻耳柏洛斯（Cerberus）①是不存在的"一句中的"Cerberus"。讨论有定描述语的哲学家几乎总是抓住"the king of France"（法国国王），"the man"（那个男人）这样的例子，很少讨论"the weather"（天气），"the way we live now"（我们现在的生活方式），"the reason why I like beans"（我喜欢豆子的原因）这样的例子。这应该引起我们疑惑。例如，罗素的摹状词理论（theory of descriptions）（如果不做任何改动的话）很难应用于"The weather is good"（天气很好）这样的句子："$(\exists x)(x \text{ is a weather} \cdot (y)(y \text{ is a weather} \to y = x) \cdot x \text{ is good})$"这样的分析很难说得通。然而，人们会说"the weather"这个表达式在"The weather is good"中扮演的角色跟

---

① 刻耳柏洛斯是古希腊神话中的地狱看门犬。——译者

"the man"这个表达式在"The man is good"中的相似。

让我们看一下分明不是指称性的有定描述语的一些使用。在"He left me in the lurch"（他弃我于困境而不顾）这句话中，"the lurch"不是用来指称的。同样，在"I did it for his sake"（我做这事是因为他的缘故）中，"his sake"这个表达式不是用来指称的。[①] 把这两句中的"the lurch"和"his sake"跟"He left me in the building"（他把我留在大楼里了）中的"the building"和"I did it for his brother"（我做这事是为了他弟弟）中的"his brother"对比一下，这一点就能看得更清楚。那么，我怎么知道前两个表达式不指称，后两个指称呢？我知道，是因为作为本族语说话人我能看出讲说前两个表达式没有挑出或辨认对象或实体的作用，而后两个却有这个作用。这个事实具有一些有趣的语言学后果，对于看不出"the lurch"和"his sake"明显缺乏指称性的人而言，指出这些后果可能有所帮助。例如，前两个不是对有关问题的回答——"For whom or what of his did I do it?"（我做这事是为了谁或他的什么？）、"In what did he leave me?"（他把我留在哪了？），而后两个却分明回答了这样的问题。而且，在这种语境下，"sake"和"lurch"是不能有复数的，"brother"和"building"却可以有复数。从生成句法的角度，我们可以说这些句子里的"his sake"和"the lurch"根本不是名词短语，"sake"和"lurch"不是名词。

复杂性的另一个原因是，单数指称表达式的指称用法不全是决然性的，有些是假设性的。例如，在"He will inherit the money"（他将继承这笔钱财）这个句子中，"he"的指称用法是决然性的。但是，在"If they have a son, he will inherit the money"（如果他们有个儿子，他将继承这笔钱财）中，"he"只有在前提是真实的时候才具有指称性。用专名也可以构建类似的例证，如"If the queen of England has a son named Henry, then Henry will be the youngest of five children"（如果英国女王有个叫亨利的儿

[①] 这个例子来自 W. Quine, *Word and Object* (Cambridge, 1960), p. 236。

子，那么亨利将是 5 个孩子中年龄最小的）。下文我将讨论决然性指称，正如讨论允诺时我只讨论了决然性允诺，没有讨论假设性允诺。

4.1 使用与提及

如上一节所述，话语中的指称表达式不是每一次使用都是指称性的。而且，有时候表达式——无论是否指称表达式——在话语中用到时不具有它们通常的用途，却是被谈论的对象。请看下列两句的区别：

1. Socrates was a philosopher.（苏格拉底是哲学家。）
2. "Socrates" has eight letters.（"Socrates" 有 8 个字母。）

比较这两个句子，有两个事实很明显：第一，两个句子都以同一个词起始；第二，这个词在两个句子中扮演的角色完全不同——在第一个句子里，它具有通常的用法，指称一个特定的人；在第二个句子里，它不具有通常的用法，而是被谈论的对象，所用的引号标明了这一点。哲学家和逻辑学家在努力解释这类句子的差异时，有时候（事实上通常）被引导否认这个明显的事实——两个句子都以同一个词起始。

关于表达式的使用（the use）与提及（the mention）的区别，流行着一个混乱的解释，值得简单澄清一下。哲学家和逻辑学家一般声称，第二个句子里的"Socrates"这样的词根本没有被使用，用到的是另一个全新的词——Socrates 的专名。他们声称，词或其他表达式的专名是通过给该表达式（或者那个所使用的表达式，而不只是新的专名的一部分）加上引号构成的。根据这种解释，第二个句子的起始词不是你可能会自认为的"Socrates"，而是""Socrates""。而我刚才用到的这个词（令人难以捉摸地）不是""Socrates""，而是"""Socrates"""，这个全新的词是一个专名的专名的专名，即""""Socrates""""。这个名称的名称的名称可以一直这样续构下去……

我认为，这种解释是荒唐的。我相信它不是无害的，而是建立在严重的误解之上的，是对专名、引号及其他语言成分的真实运作的误解。而且，它影响了语言哲学的其他领域。例如，以"that"起始的小句，由于使用与提及的正统解释的类比，有时候被错误地说成是命题的专名。

至少有两个方法可以说明使用与提及的正统解释一定是错误的。第一是指出专名的某些一般特征是跟它背道而驰的。第二是把使用专名或有定描述语指称表达式的真实情况跟使用引号表示表达式本身的方法对比一下。

如果我们问一下自己到底为什么要有专名这种机制，部分答案是，我们需要一种便利的手段，当通常指称的对象本身并不总是在场时能够辨认这种指称。但是，当我们希望谈论的对象本身是话语的一部分时，这种手段没有了作用，因为这时它很容易被辨认，不需要一种独立的语言手段来指称。在少数例外情况下，比如神圣词或淫秽词，如果我们希望谈论一个词，我们不需要用名字或其他方法来指称，我们可以简单地用一个实例。比较难搞的情况是，我们需要词的名称，而说这个词是不合适的、犯忌的、不方便的。在书面语言里，我们有一些规范，如引号，可以标明这个词用得不符合常规，只是用作讨论的话题。总之，我们用专名这种机制谈论本身不是词的东西，它们被谈论的时候不需要在场。整个机制的作用在于这个事实——我们可以用词指称其他对象。专名只有在名称跟所命名的事物之间有真实区别时才是专名。如果两者相同，命名和指称这个观念就没有用处。

我们把实际指称一个词的情况跟例 2 中谈论一个词的情况对比一下。假设我们把例 2 改写如下：

The word which is the name of Plato's most famous teacher has eight letters.
（柏拉图名望最高的老师的名字那个词有 8 个字母。）

在这里（不同于例 2），我们真的用一个有定描述语**指称**了一个词。或者，我们可以想象一下把一个专名指派给一个词；比如，让"John"成为"Socrates"这个词的名称，那么，我们就可以把例2再改写如下：

John has eight letters.（John 有 8 个字母。）

这里的"John"真的用作专名，用来指称一个对象，而不是它自己，即"Socrates"。

但是，当我们要谈论一个词的时候，几乎总是有可能用那个词本身，就像例2那样。再给它找个名称是多余的，把它识解成它自己的名称，或名称的一部分，也是错误的。那么，我们怎么描述例2中的第一个词呢？答案非常简单：这里用到了一个词，但这不是它通常的用法。这个词本身被**呈现**了，然后被谈论了；引号表明它是要被呈现和谈论的，而不是规范性地被用来指称的。但是，这个词没有被指称，也没有指称它自己。

"那么"，有人可能会说，"我们为什么不把这当作规范——一个词上的引号使它成为一个新词，成为原来那个词的专名呢？"人们也可以问，为什么不把这当作规范——"Snow is white"（雪是白的）中的"is"是我奶奶的名称？事实是，我们早就有了关于引号用法的规范。其中一个（唯一一个）是：由引号包围的词被看作谈论（或引用等）的对象，说话人没有按常规用法用它。任何人想引进新的规范，就要先说清楚如何跟已有规范协调，还要说明引进新规范的动机。不过，第一，既然我们已经有了完全恰当的使用-提及规范，新提议的规范如何跟它无矛盾地衔接这一点不清楚。第二，如果人们在文献中寻找提出这个'规范'（词或其他表达式上的引号使它成为全新的专名）的动机，人们发现有各种错误的语言观，如"关于语言应用的基本规范要求，我们在话语中谈论一个对象时，必须用这个对象的名称，而不能用这个对象本身。结果，如果我们想要谈论一个句子，比如，这个句子为真，我们必须用这个句子的名称，而不是这个句子本身"。[①] 我的唯一答复是：没有这样的基本规范。话语中的各部分，或其他口头或书面呈现的项目，可以非常轻松地用作话语的话题。例如，鸟类学家会说"加利福尼亚坚鸟的叫声是……"。接下来完成这个句子的是一个声音，而不是声音的专名。

4.2 指称的公理

注意到指称表达式的每一次使用不都是指称性的，我们现在要给有定指称做一个和上一章的行事行为分析相似的分析。不同于大多数言语行为，哲学家对指称的研究有一个漫长的历史，至少可以追溯到弗雷格（事实上可以追溯到柏拉图的《泰阿泰德篇》（*Theaetetus*），如果不是更早），所以我们将非常小心地展开我们的分析，一路巡视大量哲学景色。我们将呈现的理论传统上起始于弗雷格，由斯特劳森（Strawson）的《个体》（*Individuals*）延续，并且，读者将看到，深受这两位作者的影响。

关于指称和指称表达式，有两个一般公认的公理。作为初步表述，我们可以将它们陈述如下：

1. 所指称的任何东西都必须存在。[②]

我们把这叫作存在公理吧。

2. 如果一个述谓相对于一个对象为真，那么它相对于任何与它等同的对象都为真，不管用什么表达式指称那个对象。

[①] A. Tarski, 'The semantic conception of truth', *Philosophy and Phenomenological Research*, vol. 4 (1944); 重印见 H. Feigl and W. Sellars (eds.), *Readings in Philosophical Analysis* (New York, 1949).

[②] "Exist"（存在）必须被识解为无时态的。人们可以指称存在过的东西，或将要存在的东西，犹如现在存在的东西。

我们把这叫作等同公理吧。

这两条公理都有办法解释成重言式（tautology）。第一条分明是重言式，因为它只是说，人们不能指称一个东西，如果没有这样的东西可以指称。第二条也可以做重言式解释，那就是任何相对于一个对象为真的东西都相对于该对象为真。

这两条公理都可能导致悖论，第一条是因为到底什么是指称不清楚，第二条是因为有些重新解读并非重言式而是谬误。第一条产生的悖论如"金山不存在"这样的陈述。如果我们共同假设存在公理（axiom of existence），并且这个句子的前三个词是用来指称的，那么该陈述就变得不攻自破了，因为为了陈述它，它必须是假的。为了让我否认任何东西的存在，它必须存在。

罗素①解开了这个悖论，他说（大意是）"金山"这个表达式作为存在命题的语法主语时，它不是用来指称的。一般来说，存在句子的主语表达式不能用来指称，这句话的部分意思是，存在不是一种性质，所以不会出现悖论。存在公理不适用，因为没有指称。不幸的是，罗素激情迸发，实际上否认了任何有定描述语可以用来指称。我稍后将评论他的这部分论点。②感谢罗素，没有人再把这些悖论当回事了。

但是，似乎仍然可以举出这条公理的反例。人们不是可以指称圣诞老人和夏洛克·福尔摩斯吗，尽管他们并不存在，也未曾存在过。不过，指称小说（以及传说、神话等）中的实体不能算反例。我们可以把他们称作**小说人物**，恰恰就是因为他们**存在于小说中**。要说清楚这点，我们需要区分正常的现实世界的谈话与小说、剧作等中的寄生性话语。在正常的现实世界的谈话中，我不能指称夏洛克·福尔摩斯，因为从来就没有这样一个人。如果在这个'话语世界'里，我说"夏洛克·福尔摩斯戴一顶鹿

---

① B. Russell, 'On denoying', *Mind*, vol. 14 (1905); 重印见 Feigl and Sellars (eds.), 同前引书。

② 在第七章。

角帽",我就没有指称,就像如果我说"夏洛克·福尔摩斯今晚来我家吃饭"那样没有指称。这两个陈述都不可能是真的。但是,假设我转移到小说、剧作等让我们假装的话语模式,这时如果我说"夏洛克·福尔摩斯戴一顶鹿角帽",我确实指称了一个小说人物(即不存在于现实世界但存在于小说中的人物),这时我的话是真实的。请注意,在这种话语模式里,我不能说"夏洛克·福尔摩斯今晚来我家吃饭",因为"我家"这个指称把我带回到现实世界。而且,如果在小说话语模式里我说"夏洛克·福尔摩斯夫人戴一顶鹿角帽",我没有指称,因为没有夏洛克·福尔摩斯夫人这个小说人物。按小说模式说话,福尔摩斯从来没有结婚。总之,在现实世界谈话中,"夏洛克·福尔摩斯"和"夏洛克·福尔摩斯夫人"都没有指称,因为从来没有存在过这样的人。在小说谈话中,"夏洛克·福尔摩斯"有指称,因为这样的人物确实存在于小说中;但是,"夏洛克·福尔摩斯夫人"没有指称,因为没有这样一个小说人物。存在公理在哪都适用:在现实世界谈话里,人们只能指称所存在的东西;在小说谈话里,人们只能指称小说里存在的东西(加上小说故事里包含的现实世界的事情和事件)。

按照这种叙述,这些观点一定看起来非常明显,但是,哲学文献在这些问题上确实暴露出极其大量的混乱。为了避免另外两个混淆,我要强调一下,我关于寄生性话语的说法不包含这种观点——小说话语中的词或其他语言成分的**意义**会发生任何变化。如果我们把语言成分的意义规范看成(至少部分是)垂直的规范,把句子跟世界联系了起来,那么,小说话语中的隐性规范最好被看作侧向或横向规范,似乎把小说话语剥离了世界。不过,重要的是要认识到即使在"Little Red Riding Hood"(《小红帽》)中,"red"也表示红的意思。小说规范不改变词或其他语言成分的意义。其次,有夏洛克·福尔摩斯这样一个小说人物不要求我们承认他存在于某种可感世界之外,或者他有某种特殊的存在模式。夏洛克·福尔摩斯根本不存在,但这并不否认他存在于小说中。

等同公理（axiom of identity）（一如存在公理）在指称上隐晦的语境下会导致更多悖论和困惑。该公理有时候[1]被如此陈述：如果两个表达式指称同一个对象，它们在所有语境下都可以互相替换而不改变真值。按照这种形式，该公理不是重言式，而是虚假的，而且正是这种形式造成了众多烦恼。我认为，这些困惑就像存在公理导致的困惑，都无关紧要，但是揭示它们是一件漫长的工作，超出了本书的范围。

这章的下一个目标不是继续讨论这两条公理，而是提出第三条公理，并探讨其影响。

3. 如果说话人指称一个对象，那么，他就为听话人把它从其他对象中辨认出来了，或者如果需要他就有能力辨认出来。

我们把这条公理叫作辨认公理（axiom of identification）吧。这条公理也是重言式，因为它的作用只是说清楚我的（单数、有定）指称观念。它允许有下列表述：

3a. 在讲说一个表达式时，成功实施有定指称的必要条件要么是，该表达式的讲说必须向听话人传递[2]关于一个对象（且只有一个对象）的真实描写或事实，要么是，如果该讲说不能传递这样的事实，说话人必须有能力换一个表达式，其讲说能够传递这样的事实。

只在三种情况下，说话人才能保证传递这样的事实：要么所讲说的表达式

---

[1] 例如 R. Carnap, *Meaning and Necsssity*, pp. 98 ff.

[2] "Communicate"（传递）并不总是最合适的动词。说话人向听话人传递一个事实的说法，暗示听话人事先没有意识到被传递的事实。但是，在指称时，被"传递"给听话人的命题常常是他已经知道为真的命题。或许我们应该说说话人在这种情况下"appeals to"（诉诸）或"invokes"（援引）一个命题。然而，我还会继续用"communicate"或"convey"（传达），只是它们不能被看作暗示听话人事先不知道所传递或传达的。

一定包含只相对于一个对象为真的谓语,要么其讲说加上语境一定提供实物呈现或直指呈现一个对象(且只有一个对象),要么其讲说一定提供直指指示器和描写词项的混合,其足以辨认一个对象(且只有一个对象)。如果所讲说的表达式不是这三种之一,那么,指称只有在说话人有能力在需要时提供这三种之一的条件下才会成功。要是另起名称的话,我们可以称之为辨认原则(principle of identification)。

这并不是那么明显的重言式。实际上,乍看一眼甚至可能觉得不可信,肯定需要解释才能清楚。然而,我觉得这是重要的真理,实际上是有历史的真理,因为它不过是弗雷格名言的概括——每个指称表达式都一定有涵义。

现在,我准备讨论实施有定指称的必要条件,以确立辨认原则。因此,我将设法证明存在公理和辨认公理之间的逻辑联系。

4.3 有定指称表达式的种类

我们先把要讨论的表达式的种类挑出来吧。从语法上讲,它们大致分作 4 种类型。

1. 专名,如"Socrates""Russia"。
2. 单数复合名词短语。

后一类常常包含一个定语从句,并且常常(虽然不是永远)以定冠词起始,如"the man who called"(那个来电话的人)、"the highest mountain in the world"(世界上最高的山)、"France's present crisis"(法国现时的危机)。借用并稍加扩充罗素的术语,我将继续称它们为"**摹状词**"[①]。定冠

[①] "摹状词"是罗素的 definite description 的既定译名,但是,在不方便使用时,我们将称之为"有定描述语"。——译者

词后面的表达式我称之为"**描述项**"(descriptor),在没用定冠词时,整个表达式称为描述项。在任何意义上,这个术语都无意使"描述"(describing)、"描述语"(description)这些观念蕴涵任何哲学分析或理论:它们只是方便使用的任意词项。请注意,一个有定描述语可能包含另一个有定指称表达式,它可能是另一个有定描述语,也可能是专名这样的另一种表达式,如"John's brother"(约翰的弟弟)、"the woman who is married to the man who is drunk"(那个嫁给喝醉了的男人的女人)。在这种表达式里,我将把整个表达式的指称对象称为**第一**指称对象,把部分表达式的指称对象称为**第二**指称对象。

3. 代词,如"this"(这个)、"that"(那个)、"I"(我)、"he"(他)、"she"(她)、"it"(它)。
4. 头衔,如"the prime minister"(首相)、"the pope"(教皇)。

第4类几乎不值得单独提出来,因为它逐渐接近有定描述语的一端,而另一端是专名。

4.4 指称的必要条件

关于这些表达式,我提议探寻的问题是:这些表达式的讲说要构成成功实施决然性有定指称必须有什么条件?作为回答这个问题的一步,我要先问一下:有定指称的意义何在?指称这个命题行为在行事行为中发挥什么作用?这个问题的答案(如我所述)是:在有定指称中,说话人挑出或辨认了某个特定对象,然后他就该对象说了一些话,或问了一些问题,等等。但是,这个答复是不完整的,因为它没有说明这种辨认是否传递给了听话人。要消除这个疑问,我们需要区分**完全落实的指称**(fully consummated reference)与**成功的指称**。一个完全落实的指称是为听话人清楚辨

第四章 作为言语行为的指称

认对象的指称，即该辨认被传递给了听话人。但是，即使某个指称没有清楚地为听话人辨认对象，该指称仍然可能是成功的。换言之，我们不能指责说话人没有指称，只要说话人能在需要的时候为听话人辨认对象。至此我们讨论了成功指称，但很容易看出来，完全落实的指称是更基础的观念，因为一个成功的指称如果不是完全落实的，它可以说至少是有潜力落实的。

根据这个区分，我们可以把原来的问题改写成：一个表达式的讲说可以是**完全落实的指称**，这是怎么成为可能的？一个表达式的讲说要足以为听话人辨认说话人所意图的对象，它有哪些必要条件？说到底，说话人只是提供了**词语**，这些词语怎么为听话人辨认**事物**呢？我们表述问题的方式向我们提供了答案的线索：既然说话人要为听话人辨认一个对象，那么这个行为要成功的话，就必须存在一个说话人试图辨认的对象，说话人讲说的这个表达式必须足以辨认这个对象。这两个条件我已经初步表达为存在公理和辨认公理。按照现在的讨论，我们可用完全落实的指称的条件的形式把它们重述如下。

说话人在讲说表达式时实施完全落实的有定指称的必要条件是：

1. 必须存在一个（且只有一个）说话人讲说一个表达式时适用的对象（这是存在公理的重新表述）**并且**
2. 必须给听话人足够的手段，以辨认说话人所讲说的表达式中的对象（这是辨认公理的重新表述）。

现在，我们讨论一个有定描述语的讲说如何满足这些要求吧。例如，假设表达式"the man"（那个人）被用作句子"The man insulted me"（那个人侮辱了我）的一部分。这个讲说如何满足这两个条件呢？

第一个条件可以分成两部分：

1a. 必须存在至少一个说话人讲说这个表达式时适用的对象。

1b. 必须存在不多于一个说话人讲说这个表达式时适用的对象。①

在有定描述语的案例中，要满足 1a 是很容易的。因为该表达式包含一个描述项，而描述项是（或包含）一个描述性概括词，所以，必须存在至少一个对象，使描述项可以真实地述谓。对于"the man"这种情形，必须存在至少一个人，才可以满足 1a 这个条件。

下一步要复杂一些。当然，具有诱惑力的是，过分强调条件 1a 与 1b 之间的平行性，断言如果存在至少一个对象，使描述项可以被真实地述谓，从而 1a 得到满足，那么，如果存在最多一个对象确保描述项是真的，1b 会同样得到满足。如果有人把成功的有定指称看成一种关于真实的唯一存在命题的伪装的断言（即断言存在一个（且只有一个）满足某项描述的对象的命题），那么，这种诱惑就特别强。罗素的摹状词理论采用的就是这种观点。按照摹状词理论的分析，上述句子的讲说必须被识解为断言世界上只存在一个人。

这种批评是不是似乎不真诚？按它现在这个样子，当然是不真诚的，因为罗素在表述他的理论时，并没有想到上述那样的语境。但是，不管它有多么不真诚，它不是完全无的放矢的。请注意，罗素是如何排除这种语境的：他说在摹状词理论应该适用的语境下，定冠词的使用是"很严格的，以便蕴涵唯一性"。② 但是，这个免责声明中的"严格"到底有多大的语力？上面的句子没有任何松散或不严格的地方，它像其他任何句子一样名副其实和严格。很显然，为了蕴涵唯一性，"严格"的语力必须是下列二者之一：

---

① 这里故意将"适用"（apply）用作中性词，因此，我担心它无意中会含糊不清。如果读者反对这个词（我自己也有犹豫），请把"说话人讲说这个表达式时适用的对象"读作"说话人讲说这个表达式时意图指称的对象"，并且经适当修改后把全书的有关部分都这么读。我试图探讨的是声音如何辨认对象。必须说清楚的一点是，意图或示意某个特定的对象是什么意思。但是，我的论证一点也不依赖"apply"这个词的模糊性。

② *Principia Mathematica* (Cambridge, 1925), vol. 1, p. 30.

（a）严格到指明说话人意图能有效地指称一个特定对象；**或**

（b）严格到蕴涵后随的描述项只相对于一个对象为真。

然而，这两者中的（a）不可能是其字面的意思，因为满足（a）的例子会使该理论遭到我刚才提出的"荒唐"这个指控。但是，如果（b）是其字面意思，那么，它就是关于定冠词"严格"用法的回避问题的虚假解释。不仅因为定冠词与非唯一描述项连用是完全严格的，而且事实上定冠词**本身**没就足以蕴涵（或以任何方式表明）后随的描述项只相对于一个对象为真的用法。当然，有一些定冠词与描述项连用是只相对于一个对象为真的（如辨认原则所述，这些对有定指称言语行为具有重要意义）；但是，蕴涵指称对象是唯一的，并不是定冠词的语力的一部分。那不是它的功能。（在我们讨论的案例中）它的功能是表明说话人有意图做出唯一性指称；而描述项的功能是在一个特定的语境下为听话人辨认说话人在该语境下意图指称的对象。作为"the"的另一种说明，我提议，在其有定指称用法（这只是其多种用法之一）中，"the"是表明说话人有意图指称一个单独对象的规范手段，不是表明后随的描述项只相对于一个对象为真。（这里值得注意的是，拉丁语、俄语等语言没有定冠词，但可以依靠语境和其他手段表明说话人有意图做出有定指称。）①

我的说明还没有满意地解释像上述有定描述语那样的讲说如何满足要求 1b。至此，我只说了必须至少有一个对象满足描述项，而且通过使用定冠词说话人表明他有意图辨认一个特定的对象。但是，既然描述项是个概括词，可能相对于很多对象都是真的，怎么使说话人对那个表达式的讲说只适用于一个对象呢？一个显然但没有信息量的回答是，在描述项适用的范围内他只**意图**一个对象。这个回答没有信息量，因为它没有说清楚意图或示意一个特定的对象涉及什么。为了全面回答这个问题，我将讨论满

---

① 第七章将更详细地讨论摹状词理论。

足条件 2 都有哪些要求，然后回来讨论 1b 以及指称与意图的关系。

4.5　辨认原则

　　第二个条件（辨认公理的一种表述）要求听话人有能力根据说话人讲说的表达式辨认对象。我这个"辨认"的意思是，关于到底在谈论什么不应该再有任何疑惑或歧义。在最低的层次，"谁？""什么？""哪个？"这样的问题都得到了解答。当然，在另一个层次，这些问题仍然是开放的：在某事已被辨认以后，人们仍然能问"什么？"，意思是"请告诉我更多的信息"；但是，不能在"我不知道你在说什么"的意义上再问"什么？"。我所谓的辨认，就是回答了"什么"这个问题。例如，在讲说"抢劫我的那个人高 6 英尺"这个句子时，我可以被说成指称了那个抢劫了我的人，即使在"辨认"的一个意义上，我并没有能力辨认那个抢劫了我的人。比如，我可能没能力从警察找来的一队人中把他挑出来，或者提供更多关于他的信息。然而，假定有个人（且只有一个人）抢劫了我，那么，我确实成功地在讲说上述句子时做出了辨认指称。

　　我们看到，对于"the man"这种有定描述语，说话人表明他意图指称一个特定的对象，并且提供了一个描述项，他假定这足以为听话人辨认他在这个特定的讲说语境中所意图指称的对象。即使该描述项可能相对于很多对象都是真的，说话人仍然认定他在这个语境中的讲说足以辨认他所示意的那个对象。如果事实上它已足够，那么条件 2 就得到了满足。但是，假设这仍不足以辨认对象。假设听话人仍然不知道哪个人被指称了。在这种情况下，"谁？""什么？""哪个？"这些问题仍然存在，那么我认为说话人就这些问题提供一个清楚的答案是完全落实的有定指称的必要条件。如果说话人讲说的表达式没有回答这些问题，那么他就没有为听话人辨认对象，因此他就没有落实指称，因为对这些问题的清楚回答构成辨认，而能够辨认对象是完全落实的有定指称的必要条件。

但是，这些问题允许有什么样的答案呢？极端的答案有两类：指示词呈现法，如"that—over there"（那个——在那边）；相对于该对象唯一为真的纯粹概括词描述语，如"the first man to run a mile in under 3 minutes, 53 seconds"（第一个在 3 分 53 秒内跑完 1 英里的人）。纯粹指示词和纯粹描述语都是少见的情况；实际上，大多数辨认是综合使用指示词和描述语的，如"the man *we saw yesterday*"（**我们昨天看见的那个人**）；在其他一些涉及第二指称对象的情况下，说话人则必须首先有能力辨认它，如"the author of *Waverley*"（《**韦弗利**》的作者）、"the capital of *Denmark*"（**丹麦**的首都）。而且，说话人必须有能力用描述性概括词补充说明纯粹指示词"这个""那个"，因为当说话人指着某个物理对象的方向说"这个"时，他到底是在指对象的颜色、形状、该对象及其附近的物体，还是对象的中心，可能不是一清二楚的。不过，辨认表达式也就是这几类：指示词、唯一描述语、指示词加描述语。因此，辨认对象和条件 2 的满足，完全依赖说话人是否有能力使用这几类表达式中的一个，而且它是被说话人意图指称的那个对象唯一满足的。此后，我将把这样的表达式称为**辨认描述语**（identifying description）。现在我们可以把条件 2 的讨论小结如下：在合适的语境和听话人知识背景下，尽管说话人即使不用辨认描述语也一样可以满足条件 2，但说话人只有在其表达式是辨认描述语，或由辨认描述语补充说明时才能**保证**该条件将得到满足。同时，由于在讲说指称表达式时，说话人承诺辨认一个对象，且只辨认一个对象，他就承诺了在需要时提供这样一种辨认。

现在我们可以继续讨论条件 1*b* 了。我们放下该话题时说，决不能有多于一个对象满足讲说表达式这个条件，似乎蕴涵说话人在讲说该表达式时必须只意图指称一个对象。此刻有吸引力的想法是，关于条件 1*b* 只需要说，说话人指称一个特定对象的意图跟他满足条件 2 的能力（为听话人辨认对象的能力）无关。他完全知道自己的意图，即使他无法跟任何人解释清楚！但是我想说的是，这两个要求（意图的唯一性和辨认能力）根本是相同的。什么是只**示意**或**意图**一个特定对象,而不是其他对象?有些事实使我们倾向认为,这是心灵运动。但是,我能独立于任何描述语或其他我可以利用的辨认形式,只意图一个特定的对象吗?如果这样,又是什么使我的意图只指向**那个**对象而不指向其他对象呢?很清楚,什么是意图指称一个特定对象这个观念,迫使我们回到用描述语辨认这个观念,因此,我们现在可以把这个条件泛化如下:说话人意图在讲说一个表达式时指称一个特定对象的必要条件是,他具有提供那个对象的辨认描述语的能力。因此,满足条件 1*b* 和满足条件 2 的能力是一样的。每项都要求说话人的讲说是一个辨认描述语,或是由辨认描述语补充说明的。

换言之,辨认公理(按最初的表述)是存在公理(按修改过的表述)的必然结果。因为说话人讲说的表达式要适用于一个(且只有一个)对**象**,即他意图指称的那个(且只有一个)对象,其必要条件是他有能力[①]辨认这个对象。辨认公理是存在公理的后续结果,而且,一旦考虑了某些辨认**方法**以后,辨认原则随之而来。

而且,如我在第一章短暂提及,辨认原则是可表达性原则的一种特殊情况。简略说,可表达性原则是:凡能被示意者皆能被言说。应用于有定指称这种情况,这等于说,如果说话人**示意**一个特定对象(在这种情况下,"示意"="意图指称")为真,那么他可以确切地说他示意哪个对象也必定为真。但是,这只是辨认原则的有些简略的表述,辨认原则只申明有定指称的一个必要条件是有能力提供辨认描述语,正是该指称描述语提供了在指称中**言说**所**示意**者的媒介。此处值得再次强调的是,**言说**的极端情况是涉及**展示**的**言说**;即,满足辨认原则(因而满足可表达性原则)的极端情况是所指对象的直指呈现。

和任何其他系统研究一样,在语言的系统研究中,我们的目标之一就

[①] 我此时并且始终假定,输入、输出条件已得到满足。说话人可能因为下颌瘫痪而不能满足条件这样的事实与此无关。

是把最大量的数据减少为最少量的原则。

按照完全落实的指称和成功指称的定义，以及我们的论证（完全落实指称的能力取决于提供辨认描述语的能力），我们现在可以把辨认原则陈述如下（下文将提出限制条件）：

> *3b.* 在讲说表达式时成功实施有定指称的必要条件是，该表达式必须是辨认描述语，或说话人必须有能力在需要时提供辨认描述语。

4.6　辨认原则的限制条件

辨认原则强调了有定指称和说话人有能力提供所指对象的辨认描述语之间的联系。至此，该联系一定很清楚了：既然有定指称的意义在于辨认一个对象而排斥其他对象，既然这种辨认只能由辨认描述语保证，结论就是自然而然的。但是，尽管我觉得这种理论意义无可挑剔，仍然需要一定的限制和解释，以说明在自然语言使用中它是如何运作的。

1. 在日常话语中，听话人可能根本不需要辨认描述语，可能只使用非辨认表达式就足够了。假设说话人讲说了一个专名"Jones"。即使没有提供辨认描述语，会话照样可以继续下去，听话人认定说话人在需要时有能力提供辨认描述语。听话人自己可能用"Jones"这个名称去指称，比如，问一个关于 Jones 的问题。在这种情况下，听话人的指称是寄生在原先说话人的指称上的，因为他可以提供的唯一辨认描述语是"我的对话人用'Jones'指称的那个人"。这样的表达式不是真正的辨认描述语，其能否辨认取决于原先的说话人是否有一个独立的辨认描述语，而它*不*是这种形式的。我将在第七章再次提及这个问题，那时我将试图应用本章关于专名的结论。

2. 即使听话人真的要求辨认，他也会满足于一个非唯一描述项，交际不一定会因此受阻。延续刚才的例子，假设听话人问"谁是 Jones？"，

"一个空军上尉"这样的非辨认答复可能提供足够的辨认以使会话继续下去；但是，即使在这种情况下，听话人仍然必须假定说话人有能力把 Jones 与其他空军上尉区别开来。我们可能想引入**部分落实的指称**这个观念来描述这种情况。成功辨认可能是个程度问题。

3. 有时描述项甚至可能对所指称对象的描述不为真，但指称仍然是成功的。怀特海（Whitehead）举过一个很好的例子，说话人说"那个罪犯是你的朋友"，听话人说"他是我朋友，但你这是侮辱人"。① 在这种情况下，听话人很清楚被指称的是谁，但是该指称表达式远远不是辨认描述语，它包含了一个甚至相对于该指称对象都不为真的描述项。这怎么跟辨认原则相匹配呢？如果我们不小心，这样的例子很可能使我们误以为，指称远非只是提供辨认，指称一定涉及一种特殊的心理活动，或者至少每种成功指称除了存在陈述还预设等同陈述："描述项所描述的对象正好等同于**我示意**的那个"。但是，所有这一切都是错误的。上述例子没有什么神秘之处，很清楚，语境足以提供辨认描述语，因为"那个罪犯"中的"那个"表明该对象或者在现场，或者早已由其他指称表达式指称过，当前的指称寄生于早先的指称。描述项"罪犯"对于辨认并不是必要的，并且尽管它是虚假的，也不妨碍辨认；辨认是靠其他方法实现的。

人们经常听见有问题的描述项出于修辞目的而被附在其他方面令人满意的指称表达式上。如"我们光荣的领袖"中的"光荣的"跟有定指称这个言语行为无关，除非有几个领袖，其中有些是不光荣的。

4. 需要再次强调的是，在极端情况下，说话人可以提供的唯一'辨认描述语'是表明认出了所见到的对象。例如，儿童常常先学会专名，再学其他表达式，而他们能否正确应用该名称的唯一测试是他们是否有能力在见到该对象时将其认出来。除非该对象在场，他们没有办法满足辨认原则。

这些事实不应该导致我们认为指称是一种完全不精细的行为：经过训

---

① Alfred North Whitehead, *The Concept of Nature* (Cambridge, 1920), p. 10.

练狗能在只有见到主人时才叫唤，但它叫唤时并不是在**指称**其主人，即使我们可以将其叫唤用作辨认其主人的方法。①

5. 在辨认时，不是所有的辨认描述语都是一样有用的。例如，如果我说"蒙大拿州参议员想当总统"，这个句子中的指称表达式比"蒙大拿州那个唯一的头上有 8432 根头发的人想当总统"可能更有用，即使后者满足了辨认原则的形式要求，而前者没有，因为蒙大拿州有两位参议员。为什么是这样？辨认原则的部分作用是，讲说一个有定描述语时实施的指称是由于该表达式指出了所指称对象的特征而成功的；但是既然有定指称的重点是**辨认**（而不是**描写**）该对象，那么该表达式只有在指出了辨认所指称对象的重要（对所讨论的语境中的说话人和听话人重要）的特征时才最圆满地完成了任务；不是所有的辨认描述语在这些方面都是同样有用的。当然，什么是重要的，最终取决于我们认为什么是重要的；而且很容易想象一个人头上的头发数量可以成为最重要因素的情形，比如，如果一个部落认为头发数量具有宗教意义的话。在这种情况下，人们可能对每个人头上的头发数量比对他们的工作了解得更清楚。这样，上述例子中的后一种指称表达式可能比前者更有用。不过，我现在想强调的是，一个表达式有可能满足辨认原则的形式要求，即它是一个辨认描述语，但是仍然不是一个有用的指称表达式。使用这种表达式时仍然可能遇到"你在谈论谁（什么或哪一个）？"的问题，而有定指称旨在回答的恰恰就是这个问题。

4.7 辨认原则的一些后果

在 4.4、4.5 小节中，我试图确立辨认原则，并表明辨认公理和存在公理之间的关系。现在我要阐明辨认原则的一些后果。我将一步一步地展开

---

① 它们之间有什么区别？部分区别是：与狗不同，说话人意图他的讲说通过使听话人认出该意图的方法辨认其指称对象（参照 2.6 小节的讨论）。

阐述，这样论证逻辑就会很清楚，所有的认定都在明面上，有什么错误也容易察觉。我们就从辨认公理开始吧。

1. 如果说话人指称一个对象，那么，他就为听话人从所有对象中把它辨认出来了，或者如果需要的话有能力把它辨认出来。根据这一点及其他关于语言的认识，我们可以推论

2. 如果说话人在讲说一个表达式时指称了一个对象，那个表达式必然
（a）包含相对于该对象唯一为真的描述项，
（b）用指示词把它呈现了出来，或
（c）提供了某种复合指示词呈现或复合描述语，足以单独将其辨认出来。
或者，如果该表达式不是上述三种之一，说话人一定准备在需要时用上述三种之一加以替代（辨认原则）。

3. 在每种情况下，根据说话人知道的关于某对象的事实（相对于所指称对象唯一为真的事实）所做出的指称，以及讲说一个指称表达式，落实了该指称，因为（而且仅因为）该指称指明了这些事实，将这些事实传递给了听话人。这就是弗雷格说一个指称表达式必须具有涵义时想简略表达的。在某种意义上，一个指称表达式必须具有'意义'，即一种描述内容，以便说话人讲说它的时候能够成功指称；因为除非其讲说成功地将一个事实（一个真命题）从说话人传递给了听话人，该指称就没有完全落实。我们可以用弗雷格的方式表述如下：意义先于指称，指称是根据意义做出的。从辨认原则可以直接推论指称表达式的每一次讲说，如果其指称得到落实的话，必须向听话人传递一个真命题，即一个事实。（如已指出的，这是第一章讨论过的可表达性原则的一个示例。）

4. 尽管弗雷格没有区分，我们有必要区分指称表达式的涵义与该表达式的讲说所传递的命题。这种表达式的涵义来自表达式所包含或蕴涵的描述性概括词；但是很多情况下表达式的涵义本身并不足以传递命题，是**在某种语境下**讲说表达式传递了命题。例如，在讲说"the man"时，该**表达式**承载的唯一描述性内容来自这个简单的词"man"，但是如果该指

称得到落实，说话人一定传递了一个唯一性存在命题（或事实），如"在说话人和听话人的视野里，说话人左边靠窗的位置有一个（且只有一个）人"。把表达式的涵义与其讲说所传递的命题这样区分以后，我们就能明白具有相同涵义的同一个表达式的两次讲说为什么可以指称不同的对象。"The man"可以被用来指称很多人，但它并不因此而同音异义。

5. 有人认为，有一类逻辑专名，其意义就是它们用于指称的对象。这种观点是错误的。这不是说，事实上没有这样的表达式：不可能有这样的表达式，因为，如果表达式的讲说不传递描述性内容，那么就没有办法在这样的表达式和所指称的对象之间建立联系。是什么使得**这个**表达式指称**那个**对象呢？同样，专名是"不表示意义的符号"[1]，以及它们只有'外延'没有'内涵'，这种观点在根本上一定是错误的。更多讨论见第七章。

6. 把人们必须拥有事实才能指称的事实，总是识解为**关于**指称对象的事实，如果这不是完全错误的，它也是误导性的，因为这暗示了存在关于某些能够独立辨认的对象的事实。在满足辨认原则时，存在命题发挥了关键的作用，因为通过给与辨认一个非存在性形式（如"那个人如此这样"），从而满足辨认原则取决于"存在一个（且只有一个）如此这样的人"这种形式的存在命题的真实性。人们可能说：我们对特定对象的认识的基础是一个真实的唯一性存在命题。

一旦人们总是把事实识解为某种**关于**对象的事实，一旦人们不能认识存在命题的先在性，就走上了传统的通往实体之路。维特根斯坦曾经在《逻辑哲学论》[2]里对事实和对象做出了最基础的形而上学区分，他说对象可以独立于事实得到命名，事实是由对象合成的。本章的部分目标是证明不可能存在符合他的理论的语言：对象是不能被独立于事实得到命名的。

因此，事实和对象之间的基础区分这个传统形而上学观念似乎是混淆

---

[1] J. S. Mill, *A System of Logic* (London and Colchester, 1949)，第一卷第二章第五段。
[2] 例如，第 2.01，3.202，3.203，3.21 等节。L. Wittgenstein, *Tractatus Logico-Philosophicus* (London, 1961).

不清的。**拥有关于**某个特定对象的**观念**，就是拥有一个真实的唯一性存在命题，即某种事实。

7. 在这个问题上，谈论量化是有点误导性的，因为人们很容易把$(\exists x)(fx)$形式的命题中的受约束变量看作'散布于'一些先前被辨认的对象上，很容易假定一个存在命题所陈述的是某个或某些**已经被辨认**或可能被辨认的对象具有如此这样的特点。为了避免这些误导性的形而上学暗示，$(\exists x)(fx)$形式的命题可以被读作"谓词f至少拥有一个示例"，而不是通常的"某些对象是f"。

8. 基于这些理由，指称在"逻辑"的一个涵义上是毫无**逻辑**意义的。每个包含指称的命题都可以被替换成存在命题，它具有和原有命题一样的真值条件。我觉得，这是摹状词理论背后的真正发现。当然，这不是说所有的单数词项都是可以被取消的，或者原有命题与修改后的存在命题没有区别。这只是说，一种命题为真的情形和另一种命题为真的情形是一样的。

4.8 指称的规则

现在我们可以构建指称的命题行为分析了，类似第三章的允诺行事行为分析。我将遵循和那时同样的模式，首先以条件的形式来陈述分析，然后从这些条件中提取出一套使用指称表达式的规则。需要强调的是，我们将再次构建一个理想模型。

如果说话人S当着听话人H的面在语境C下讲说了表达式R，那么，在R的字面讲说中，S成功地无缺陷地实施了单数辨认指称这个言语行为，当且仅当下列条件1—7成立：

1. 正常的输入、输出条件成立。
2. R是作为某个句子（或长度相似的语篇）T的一部分讲说的。
3. 讲说T是（意图）实施一种行事行为。

这个行为可能不成功。我可能成功地指称了某事，即使我的讲说总的来说是混乱的，但是该讲说不可能是彻底无意义的：我一定至少意图实施某种行事行为。[①]

4. 存在某个对象 X，使得 R 包含 X 的一个辨认描述语，或者 S 有能力用 X 的辨认描述语来补充 R。
按照 4.4、4.5 小节的分析，这个条件涵盖存在公理和辨认原则两者。

5. S 意图 R 这个讲说将为 H 挑出或辨认 X。

6. S 意图 R 这个讲说将使 H 通过识别 S 要他辨认 X 的意图而辨认 X，而且他意图 H 通过了解管控 R 的规则和他对语境 C 的意识而实现上述识别。
格莱斯的这个条件使我们能够把指称一个对象与其他使我们注意它的方法区别开来。例如，我可以通过把东西扔给听话人的方法使他注意它，或者用它打他的头。但是，这些方法一般不是指称的方法，因为使他识别我的意图的方法不能实现我意图的效果。

7. 管控 R 的语义规则是：当且仅当条件 1—6 成立，R 才被正确地在语境 C 下在句子 T 中得到讲说。[②]

就现状而言，读者可能感觉这种分析令人费解，这至少有下列原因。这是对一般指称的分析，所以，它是中性的，不管该指称用的是专名、有定描述语还是其他表达式。这种分析是极端抽象的，当初的允诺分析避免了这种情况。下文的规则也将具有这种抽象性质，换言之，它们所陈述的是所有用于单数辨认指称的表达式的共通情况。读者要谨记，在英语这样的自然语言里特殊的规则将附着于句子的深层结构中的成分，或更可能的是，附着于语义部分的合成操作的产出上。顺便提及，现在有很多句法证据表明，在英语句子的深层结构中，名词短语并不像表层结构显示的那

---

① 这是弗雷格的名言 "Nur im Zusammenhang eines Satzes bedeuten die Wörter etwas"（只有在句子的语境下词语才有指称）的言语行为反映。参阅前文第 26 页。
② 双条件句的使用可能有点太理想化了。如果 R 出现在存在句里，它不指称什么呢？我们必须认定 "在 T 句子中" 这个限定可以消除这种情况。

样多种多样。特别是，最近的一些研究倾向于提示，所有的英语代词在句子的深层结构中都是定冠词形式。①

使用表达式 R 进行单数有定指称的语义规则是：

规则 1. R 只能在句子语境（或长度相似的语篇）中讲说，其讲说可以是实施某些行事行为。（这条规则体现了条件 2 和 3。）

规则 2. 只有存在某个对象 X，使得 R 包含 X 的一个辨认描述语，或者 S 有能力用 X 的辨认描述语来补充 R，并且在讲说 R 时，S 意图为 H 挑出或辨认 X，才能讲说 R。

这是一条综合性规则，但我觉得最好把它作为一条规则叙述。因为必须存在一个表达式适用的对象（且是同一个对象），而且是说话人意图为听话人挑中的。这条规则是从条件 4 和 5 中抽取的，它说明存在公理和辨认原则适用于每个指称表达式，它还清楚表明该指称是有意行为。

规则 3. R 这个讲说算作向 H（或为 H）辨认或挑中了 X。

请注意，就像包含其他必要规则的系统，这些规则是有序的：只有前面的规则 1 得到满足，2 才会应用；只有 1 和 2 得到满足，3 才会应用。

---

① P. Postal, 'On so-called pronouns in English'，油印件，纽约皇后学院。

第五章

述谓

这一章我们将分析述谓命题行为，完成对行事行为的特征描述。述谓，像指称，是一个古老（而困难）的哲学话题。对述谓进行言语行为分析之前，我将讨论一些著名的述谓理论，及与此有关的"本体论责任"（ontological commitment）。我从弗雷格的理论开始。

5.1 弗雷格论概念与对象

用句子"Sam is drunk"（山姆喝醉了）所做的陈述中，如果"Sam"对应的是山姆，那么"—is drunk"对应的是什么？这是一个不合适的问题吗？弗雷格认为这是一个合适的问题，他的答案是：就像"Sam"有涵义，而且由于这个涵义，它有一个指称对象，即山姆，所以"—is drunk"有涵义，而且由于这个涵义，它有一个指称。但是，什么是"—is drunk"的指称对象呢？对这个问题，弗雷格的答案是："一个概念"。对这种回答的自然反应是："哪个概念？"对此的诱人答案是"the concept *drunkness*"（"喝醉"这个概念）。但是，很清楚，在弗雷格看来，这个答案是不行的。因为按照这种解释，"Sam is drunk"一定可以翻译成"Sam the concept *drunkness*"，或者无论如何一定跟后者具有相同的真值，其依据是弗雷格所接受的一种等同公理——就两个指称同一对象的表达式而言，人们可以在一个句子里替换它们而不改变相关陈述的真值。（这有时被称为莱布尼茨律（Leibniz's law。）但是，后一个句子在任何意义上都不是前者的翻译，只是十足的胡言乱语，或一堆词语。因此，"—is drunk"的指称对象不可能跟"the concept drunkness"的指称对象相同。换言之，"—is drunk"**并不**指称上文提到的概念；如果它真的指称那个概念，"the concept *drunkness*"也不指称它。奇怪的是，弗雷格选择了第二种方案。他说，比如"the concept *horse* is not a concept"（"马"这个概念不是一个概念），它是一个对象。① 显然，这是自相矛盾的，但弗雷格只把它看作语言的一个不便利之处。

与弗雷格相反，我将证明这不是语言的不便利之处，而是由于他的"概念"一词模棱两可而导致的混乱。如果我们只给"概念"这个词一个单一意义，这就是真正的自相矛盾。但是，弗雷格给了它两个意义。一旦我们认清了这种模棱两可，弗雷格忽略的区分就会呈现，明显的矛盾之处就可以像病体一样被清除，而不会对这部分弗雷格理论的其余内容造成严重的损害。我首先分析一下导致他自相矛盾的缘由。

这种自相矛盾的起因是弗雷格在两个哲学方向上运动，它们在根部是不相容的。他希望（a）把涵义-指称之别（sense-reference distinction）延伸到述谓，即坚持述谓也有指称对象；同时，（b）他要说明指称表达式与述谓表达式之间的**功能**区别。他都用"概念"这个词来标志（a）和（b）这两种倾向的结果，而这就是他自相矛盾的根源，因为这两种论证导向不同的、矛盾的结论。我会尽力把这一点讲清楚。

为什么弗雷格要往（a）运动，即为什么他认为述谓有指称对象呢？他这么做的理由在讨论述谓的实际文本中并不清楚，但是，如果我们根据他的总体哲学目标来考虑问题，把涵义-指称之别延伸到述谓看起来就不是简单的迷恋于分析工具（涵义与指称之间的区别）的产物，而是出于他

---

① P. Geach and M. Black (eds.), *Translations from the Philosophical Writings of Gottlob Frege* (Oxford, 1960), p. 64.

的算术理论的一个基本必然性——把性质量化的需要。他似乎认为,使用一个述谓表达式就使人担保存在一种性质,那不就是说在讲说那个表达式时人们会指称一种性质吗?[①] 弗雷格的一些追随者[②]以下列形式表达了这个论点,虽然弗雷格自己没有:

1. 假设山姆和鲍勃都喝醉了。
2. 那么,可以说**存在某种情况**,山姆和鲍勃都处于其中。或者说,**存在**某种山姆和鲍勃共享的性质。
3. 所以,在 1 中,表达式 "—are...drunk"(喝醉了)有指称;它指称的是山姆和鲍勃共享的性质。我们把它叫作概念吧。

我们把这叫作论点(a),其结论叫作结论(a)吧。这种论点有什么问题吗?它包含了一个明显的不根据前提的推论:3 不是从 1 和 2 推论出来的。从我讲说的一个陈述使我承认存在一种性质这一事实,**不能推论出**我在该陈述中**指称**了一种性质。

尽管弗雷格的追随者和阐释者一致同意,他确实依赖某种形式的论点(a),我觉得他是否事实上如此是一点都不清晰的。但是,不管出于何种理由,确实显得清晰的是:他接受结论(a)。因为他说了概念是"语法谓语的指称"[③],也说了"我把对象性质隶属于其下者叫作概念"[④]。加上他的其他观点,这些说法蕴涵述谓表达式指称性质。结论(a)跟他分明使用的另一个论点不相容,现在我将证明这一点。

论点(b)的中心是弗雷格坚持的概念是"述谓性的",他还坚持区分指称表达式(*Eigenname*)的功能与语法谓语的功能。他用一种类别区

---

① 这种解释非常常见,参阅 M. Dummett, 'Frege on functions', *Philosophical Review* (1955), p. 99;H. Sluga, 'On sense', *Proceedings of the Aristotelian Society* (1964), n. 6 p. 31。
② 例如 P. Geach, 'Class and concept', *Philosophical Review* (1955), p. 562。
③ Geach and Black (eds.), 前引书第 43 页注。
④ 同上,第 51 页。

分标志这种功能上的不同——对象是永远不会用述谓指称的，而概念他认为"基本上是述谓性的"。他承认概念的这种观念不可能被恰当地**界定**，但是，他希望能**解释**清楚。他为我们提供使用述谓性表达式的例子，也提供了关于概念的形而上学描述语。他说，概念是"不完整的"，而对象是"完整的"，并且相对于对象，概念是"不饱和的"。他的继承者认为这些隐喻既神秘莫测[①]，又富有启发性[②]。无论如何，杜梅特（Dummett）[③]报告说，弗雷格自己在晚年变得不满意这些隐喻。我倒发现这些隐喻对理解"Sam is drunk"这个断言中的"Sam"和"is drunk"的不同功能有所帮助。不过，我觉得我们需要提出一些自己的区分才能理解弗雷格设法提出的区分。我们可以区分：

1. 述谓表达式。
2. 性质。
3. 使用述谓表达式以归属性质。

我称之为论点（b）的所有论点、隐喻等等都不是跟 2，而是跟 3（使用述谓表达式以归属性质）有关。换言之，根据论点（b），"语法谓语指称概念"这种观点等同于"语法谓语归属性质"（谨记这里的"归属"没有断言语力），因此，"指称概念"这个表达式就是"归属性质"的意思。对一个概念的指称就是把一种性质归属于它。根据论点（b），"语法谓语发挥什么作用？"这个问题从"它归属性质"和"它指称概念"得到同样的回答（当然，在这两种情况下它也表达涵义）。请注意，"概念"的这个用法似乎并不能析出来。以"概念是……"起始的句子回答不了"概念是什么？"这个问题，除了"概念是语法谓语的指称"这样的答案。正是概念这个观

---

① 参阅 M. Black, 'Frege on Functions', *Problems of Analysis* (London, 1954).
② 例如，参阅 Geach, 前引书。
③ 未发表的 1955 年提交牛津大学人文学科委员会的报告。

念的不可析出性导致弗雷格提出概念是不完整的、不饱和的这种说法。

上述分析澄清了概念与对象之间的类别区分。对弗雷格来说，对象是任何可以用单数名词短语指称的东西，不管它是性质、殊相（particular）、数字，还是别的。但是，指称一个对象就是用语法谓语来归属一种性质。

现在，明显矛盾的根源已经清楚了。在结论（a）中，弗雷格用"概念"表示"性质"的意思，"指称一个概念"表示"指称一种性质"。在论点（b）中，"指称一个概念"表示"用语法谓语来归属一种性质"。他几乎在同一段话中使用了"概念"这个词的这两种不同意义："我把隶属于其性质的对象叫作概念"，"概念的表现基本上是述谓性的"。[①] 很清楚，这两句话是不相容的，因为一个对象的性质不是基本上述谓性的：它们可以被单数名词短语指称，也可以在讲说述谓表达式时被归属于一个对象。因此，"概念"被赋予了两种意义，一个明显的矛盾就立刻出现了——"**马这个概念不是概念**"。马这个概念，即**其性质**，按照结论（a）很清楚是"is a horse"（是马）的指称对象；但对它的指称不可能是对概念的指称，即**归属一个性质**，如论点（b）所称。"马这个概念"的指称跟语法谓语的指称不可能是相同的，因为"马这个概念"尽管可能是语法主语，不可能是语法谓语。

既然我们看到论点（a）无论如何是无效的，既然我们发现"概念"有两个不同的意义，那么，我们废弃"概念"这个词，用另外的术语来表达弗雷格的意思吧。弗雷格的说法"**马这个概念不是概念**"，只是表示"马这种性质本身不是性质的归属"；或者用形式的方式更清楚地表达为"'马这种性质'这个表达式不是用来归属性质的，而是用来指称性质的"。按照这种解释，弗雷格的矛盾就变成了显而易见的真理。

但是，由于结论（a），弗雷格当然不可能采用我的建议。他似乎认为，为了量化性质，他必须坚持述谓表达式能**指称**性质。因此，根据这种观点，概念就是性质。同时，因为他承认指称与述谓之间的类别差异，他

---

① Geach and Black (eds.),分别见前引书第 51、50 页。

设法使指称一种性质起到述谓的作用，而实现这个目的的唯一方法是使"概念"这个词模棱两可。述谓表达式指称的实体不是（如第一眼显示的）一种性质，而是这样一种实体，对其的指称只是把性质归属于实体。因此，产生了明显的矛盾。

不过，重复一下，一旦坚持述谓表达式必须**指称**这种动力消除了，所有的问题就都会消失。指称与述谓之间的区分还存在，正确的说法是，述谓表达式是用来归属性质的。我不声称这种说法具备任何**解释**力。任何人只要对什么是使用述谓表达式没有成见都会理解这种说法，我们一会儿就会看到（见 5.5 小节）。现阶段我只想说它事实上是真的，它重现了产生矛盾的错误消除以后继续存在的弗雷格成分。

述谓表达式指称性质这个虚假观点的消除，丝毫不影响性质的量化的可能性。因为论点（a）的量化概念似乎衍推指称，因此，否定指称似乎根据换质换位法就否定了量化，但这只是表象。

有人可能认为，我提出的弗雷格述谓理论面临的困难只源于英语和类似语言的一些不方便的用法，如果做一些修改，我的反对意见就会崩塌。但是，我觉得这些反对意见是有效的，不管人们可能对语言做什么改变。因为述谓有指称对象这种观点有相当的市场[①]，可能有必要用通俗的词语阐述反对这种观点的论点。

如果我们有两个前提，而且有关的哲学家都隐性、显性地接受，那么我们就可以用归谬法提出这种论断——述谓的功能是指称。这两个前提是：

1. 指称的典范情况是：使用单数指称表达式指称它们的对象。
2. 莱布尼兹律：如果两个表达式指称同一对象，它们就可以保值替换。

把这两个前提跟下述论断相结合：

---

① 例如，参阅 R. Carnap, *Foundations of Logic and Mathematics* (Chicago, 1939), p. 9。

3.述谓表达式的功能,就像单数指称表达式,是指称。

那么,为任何"fa"形式的主谓命题任意指派一个专名"b"到谓语的指称对象,然后通过替换我们就可以把原来的句子简化为词列"b a",它连句子都不是。

这时可以有两种操作。我们可以说:

(a)用于述谓的"指称"(以及"代表"(stand for)、"指代"(designate)等)的涵义与其用于单数指称表达式不一样。因此,把句子简化为词列是无效的。

(b)述谓指称的实体是非常特别的实体,事实上它是如此特别以致一旦我们用一个指称表达式(*Eigenname*)去指称它,我们就发现自己指称的是另一种实体。因此,不可能为它指派名称,而且简化为词列是无效的。

弗雷格实际上采用了(b)。这些避免失败的尝试都不是令人满意的。操作(a)完全没有解释述谓的指称这个观念,实际上等于放弃了讨论中的论断,因为这个论断把单数指称表达式与其指称对象的关系表述为指称的典范。操作(b)也充满神秘,不可理解。此外,一旦我们将一个普通词应用于述谓指称的那类东西,就将产生一个形式上的矛盾——例如,"马这个概念不是概念"这种形式的矛盾。

对语言进行改动,我觉得不能避免这些结果。因此,我相信某种实体对应于述谓,就像某种对象对应于单数指称表达式这种观念应该抛弃。

不过,完全不同于述谓是否指称这个问题,有可能证明量化性质是合理的吗?共相存在吗?

5.2 唯名论与共相的存在

现在,唯名论通常采用拒绝'默许'或'量化'殊相以外的实体的形式,拒绝对非殊相实体承担'本体论责任'。共相作为一种非殊相,受到了这种普遍的唯名论限制。但是，在评估对共相的这种唯名论否定以前，我们想确切知道对共相我们需要承担什么性质的责任。例如，如果根据山姆是秃头这个事实我推论山姆是某物，并且由此推论他具有某种性质，即秃头。而他确实具备这种性质，因此，秃头是存在的。在这个推理过程中，我到底承担了什么责任？当我接纳存在秃头这种事实时，我表达了什么？简单地说我奉行柏拉图主义，违背奥卡姆剃刀原则（Ockham's razor），假装理解不可理解的实体，并且广义地把自己从'躲避'共相的更加禁欲主义的哲学家里摘出来，是不行的；因为人们想知道这些指控有多大分量。

为了回答上述问题，我们先问一下：如果两个人同意山姆是秃头，但就是否应该在他们的认识中引入秃头这个观念有不同意见，他们的分歧是什么性质？在任何意义上，这都不是关于事实的分歧，因为由山姆是秃头推出"存在秃头"的人，也可以从山姆不是秃头推出同样的结论。改变世界事实，不影响他的结论。（在这方面，哲学家所用的"存在秃头"这样的句子和它们的日常使用有时候是不一样的。因为至少在一种日常使用中，断言"存在秃头"等同于断言"至少有一物是秃头"。）总之，对于这里讨论的实证论或柏拉图主义来说，某种共相存在的说法可以从对应的概括词是有意义的断言推出来。任何有意义的概括词都可以生成重言式，如"某物或无物是秃头"；而从这些重言式可以推出存在对应的共相。因此，关于是否量化共相的争论，至少有一种解读是伪命题，因为量词的作用只是断言双方在哪一点上意见相同，以及断言述谓是有意义的。

但是，有人可能反驳，这难道不是回避问题，以偏向实证论吗？这个实证论-唯名论之争（至少在一种形式上）不就是关于共相的存在能否以这种形式推出来的问题吗？作为对这个问题的答复，请考虑一下上文讨论过的例子。就这些陈述的日常意义而论（当我们谈论衍推时，我们就是在谈论这些意义），山姆和鲍勃都是聪明人这个陈述确实衍推他们都是某种样子（即聪明）的这个陈述。这种意义的另一种表达方式是说他们都有聪明这种品质（属性、特征、性质），由此可以推出他们至少有一种共同的品质。但是，根据类似的论证，从他们都不聪明这个陈述可以推出他们至少都缺乏一种品质。当然，实证论者就共相提出了很多无稽之谈，而共相确实容易引起无稽之谈（例如，他们在哪里？你能看见他们吗？他们重多少？等等），如果我们按照事物的典型物质模式理解它们的话。不过，有可能提出无稽之谈并不能剥夺上述推论作为用日常英语进行有效推理样本的资格。

　　实证论者声称，殊相的存在依赖世界事实，共相的存在则仅依赖词语的意义。就此而言，实证论者完全正确。但是，如果他的发现导致他否认琐碎的真理，如红色是一种性质，存在半人半马怪物，那么，他就滑入了混乱和不必要的错误。因为断言这些内容只需要我们承认某些述谓是有意义的。我们为什么要躲避这样的本体论责任，如果它们只要求我们承认我们已经承担的责任，承认明显的真理，如"is a centaur"（是半人半马怪物）是有意义的表达式。当然，唯名论者很可能已经被柏拉图主义派反对者掀起的尘埃弄糊涂了：例如，他可能无法理解弗雷格所说的存在"第三领域"实体是什么意思，他也可能反对柏拉图主义派论断，它们使我们承认他存疑的事实，例如，坚称必须有无限多的殊相以便有无限多的自然数这样的数学理论。但是，柏拉图主义不必采用这种形式，唯名论者如果拒绝这种形式的柏拉图主义，尽管它分明无害地为真，那么他就会糊涂的。

　　这里有一个非常普遍的论点，它可以表述如下：如果两位哲学家同意重言式的真理性，比如"所有有色物不是红色的，就是非红色的"，一位从这个重言式得出结论——存在红色这种性质，另一位却拒绝得出这个结论，那么，他们没有也不可能有争执，有的只是不理解。他们或者用派生的命题表示了不同的意思，或者与假设相反，他们对原有的命题有不同的理解。没有其他的可能性。但是，如果他们同意第一个命题是重言式，那么，第二个命题所承担的责任没有一个不被第一个所承担；既然重言式不需要我们承认语言外事实，那么第二个命题没有事实承诺。从重言式只能推出重言式。

一般来说，我们可以认为，如果我们想知道一个人断言某实体存在时他承担了什么责任，我们应该检查他提出来证明该物存在的根据。（这只是下述名言的特例：想知道证据证明了什么，请看看证据。）

我相信，围绕这些问题的讨论的空虚性来自对这条原则的忽略，我们将在下一节看到这一点。

5.3 本体论责任

这一节我想进一步探讨本体论责任这个观念，至少论及该观念在近期哲学运动中的反映。

有些哲学家，特别是蒯因，喜欢认为我们可以就本体论责任提出一个标准，该标准将使我们明白一种理论承认什么实体。在早期著作中，蒯因曾用量化演算的变量表述了这个标准。"被认定为实体，纯粹只是被承认为一个变量的值。"[1] 最近，该观点被表达如下：

> 就我们坚持［量化］这个标记法而言，我们被认为容纳的对象恰恰就是那些我们在价值域里认可的对象，量化约束变量被认为覆盖它们。[2]

我发现这个标准极其令人迷惑。事实上我对近期关于本体论责任的大部分讨论都迷惑不解，我的结论是：该标准没有实质内容，实际上它对整个问题没有什么价值。现在我就论证这个结论，让我们从该标准的可选项开始吧。

标准 2。一种理论承认（并且只承认）该理论所说存在的实体。

有人可能反对这个标准，第一个理由是"说"这个概念太模糊。有时

---

[1] W. Quine, *From a Logical Point of View* (Cambridge, 1961), p. 13.

[2] W. Quine, *Word and Object* (Cambridge, 1960), p. 242.

候，一种理论可能不会明确地"说"某实体存在，而只可能是蕴涵或衍推该实体存在。所以，我将它修改如下：

标准 3。一种理论从本体论角度承认（并且只承认）该理论所说或衍推存在的实体。[1]

但是，反对者会认为这个标准太琐碎。我的答复是，它是琐碎，然而不琐碎的标准必须能产生和它完全一样的结果。不琐碎的标准的产出要满足琐碎的标准，这是其恰当性条件。否则要不琐碎标准干什么？当然，蒯因这样的不琐碎标准可能给我们提供**客观**测试，或者提供本体论责任的标准。标准 3 依赖衍推这样的观念；而关于一种理论衍推什么、不衍推什么，历来争议不断；但有人可能会说，蒯因的标准给我们提供了一种解决这类争议的客观途径。如果我们的对话者愿意用量化理论的"常规标记法"表达他的理论，那么，通过检查他理论中的约束变量的用法，我们可以客观地决定其理论承认哪些实体。但是，因为下列原因，这种建议有迷惑之处：有时候用一种形式的标记法表达的一个陈述可能涉及一种责任，在某种直观可行的意义上，和另一种形式的标记法表达的陈述所涉及的责任完全一样。仅根据涉及的责任，这两者可能没有选择的余地。而且，可能没有解释程序能够决定一个比另一个更基本、更受喜欢。然而，根据蒯因的标准，这两种陈述涉及不同的责任，尽管它们事实上涉及同样的责任。

威廉·奥尔斯顿[2]提出了这种形式的一个论点。我把这场讨论的大致内容从蒯因的立场开始总结如下。

我不可能原原本本地复现真正的蒯因和奥尔斯顿的思想，因此，我将讨论想象中的两位哲学家 Q 和 A 的观点。

> *Q*：我们可以重新解释标记法，消除对不合适的实体的表面责任，清楚表明我们真正的本体论责任。例如，"纳普里昂与托伦之间有 4

---

[1] 参阅 A. Church, 'Ontological commitment', *Journal of Philosophy* (1958)。

[2] W. P. Alston, 'Ontological commitment', *Philosophical Studies*, vol. 9 (1958), pp. 8-17.

英里"这个陈述中关于存在 4 英里的表面责任可以由"纳普里昂与托伦之间距离的英里数 =4"这个等式消除。[①]

A：第一个陈述里的责任没有一个不在第二个陈述里。怎么可能呢？第二个陈述只是第一个陈述的换说，所以，如果第一个陈述使你承认存在 4 英里，那么第二个陈述也同样。一个人的存在责任依赖他所做的陈述，而不是他用来做陈述的句子。

Q：A 的反对意见没有击中目标。通过换说成第二个陈述，我们证明了第一个陈述中的责任是表面上的，不是必然的。不是第一个陈述清楚包含第二个陈述不包含的责任，而是第一个陈述看起来包含了这样一个责任，通过变换第一个陈述我们证明了这只是个表象。标准的好处是它使我们看清楚了我们的责任的确切范围。该标准本身相对于不同的责任在本体论上是中立的。同时，换说并不声称同义。我们不关心换说是否和其替换的陈述表达完全一样的意思（不管那是什么意思）。

A：这种讨论极其令人迷惑。按照 Q 的标准似乎任何陈述都可以被换说成标记法不同但内容相同的陈述，根据标准它们会产出不同的结果，尽管涉及的责任是相同的。请看"至少存在一张椅子"这个陈述，即 1.$(\exists x)(x$ 是椅子$)$。现在把它换说成"椅子性这种性质至少有一个示例"，即 2.$(\exists P)(P=$ 椅子性，而且 P 至少有一个示例$)$。按照 Q 的标准，似乎这两种陈述的责任一定不同，但是既然第二个只是第一个的换说，很难理解两者的责任怎么会不同。

Q：我们只需要把上述对 A 的答复重新组织一下：上述第二个陈述涉及的对抽象实体的责任是**不必要的**。不需要这样的责任，因为任何像 2 这样的句子都可以被换说成 1 这样的句子。这难道不就是"这种责任只是表面上的，不是真实的"之另一种说法吗？

[①] 参阅 W. Quine, *Word and Object*, p. 245。

或者，如果 A 坚称它们是真实的，那么，这难道不就是这种解释——我们可以取消这种责任而不降低理论的用处——的一个好处吗？该标准证明在 1 里我们取消了 2 里的不合适的责任。

A：Q 脱靶了。2 里面的责任没有一个不在 1 里面，因为恰恰是那些使 1 为真的同样的世界事态使 2 为真。所涉及的责任是对存在这种事态的责任，不管你选用什么标记法来陈述它。

我现在要延伸 A 对 Q 的答复，批驳关于纯粹客观或标记性的本体论责任的标准这整个观念，说明如果我们真的严肃地看待这个问题，就可以证明，根据 Q 换说 4 英里例子的精神来换说，任何本体论责任都只是表象。我想证明，如果我们试图应用这个标准，本体论责任就会变得特别难以解释。因为根据 Q 讨论 4 英里例子的精神，只要有任意采用标记法的自由来换说，我们就可以随便说任何东西，就该标准而言，我们就可以承担任何愿意承担的责任。

我将证明，就该标准而言，我们可以断言任何现存科学知识，却仍然只承认只有这支笔存在。①

设"K"为表达所有现存科学知识的（复合陈述的）缩略号。②

把述谓"P"界定如下：

$P(x) = df. x = $ 这支笔 $\cdot K$

证明：1. 这支笔 = 这支笔（公理）

2. K（公理）

3. ∴ 这支笔 = 这支笔 $\cdot K$

4. ∴ P（这支笔）

5. ∴ $\exists x(Px)$

---

① 感谢希拉里·帕特南提示我用这种方法表达这个观点，但是，我不知道他是否同意这种措辞。

② 如果有人反对"所有现存科学知识"这个观念，认为它不可理解，那么任何合理大小的知识片断都可以，如，设"K"为"有狗、猫、素数存在"的缩略号。

这样，根据 Q 的本体论简化精神，我们证明了，应用 Q 的本体论责任标准，要断言所有的现存科学真理，只需要承认这支笔的存在。① 但是，这是该标准的归谬法。"K"作为缩略号代表的那些陈述包含了巨大数量的责任，它们自然能被描述为本体论的，上述这样的换说一定包含了和最初陈述完全一样的责任。"K"的定义所保证的就是它包含这些相同的责任。但是，按照我们常规标记法中的本体论责任标准，我们可以断言所有这些责任，事实上却不承担这些责任。因此，这种情况下使用该标准使我们陷入了矛盾。因为这是矛盾的——既断言（a）断言所有现存科学知识使我们承认存在比这支笔更多的对象（这分明是真的），又断言（b）断言所有现存科学知识使我们只承认存在这支笔（这是我们用该标准证明了的）。因此，既然该标准导致我们跟明显的事实相矛盾，那么，该标准作为本体论责任的标准就必须被抛弃。

请注意，下列说法不是对上述问题的恰当答复——"K"作为缩略号所代表的那些陈述必须被形式化，以便显露它们不同的本体论责任，因为该标准并不决定一种理论应该如何被形式化。我认为，5 是对科学知识的荒唐表述，但是，该标准并没有规定它不能作为理论陈述的内容。

这项证明旨在向唯名论倾向者揭露该标准的荒谬之处。对于倾向柏拉图主义者，我们可以措辞一个更简单的证明。

设"q"为命题的专名，该命题由所有已知真命题复合而成。②
然后，所有知识都可以用符号表达为（设"p"涵盖各种命题）：$(\exists p)$ $(p = q \cdot p$ 为真）

因此，按照这个标准，我们承认存在的唯一物体是一个命题。

---

① 请注意，该'理论'的陈述 5 满足了 Q 的常规标记法条件，即它只使用了量化逻辑和述谓。

② 我们必须把"q"作为专名，而不是缩略号，以避免使用-提及谬误的变形。

对这些论证，有人可能回答，它们是以同义性观念为基础的，而蒯因拒绝同义性。但是，这种答复首先是不恰当的，因为它会使蒯因旨在中立的本体论责任标准依赖争议性很大的同义性（虽然这不太重要）；其次，更重要的是，因为上述证明所基于的唯一同义性是通过明文规定引入的，所以不受蒯因反对意见的影响，即使他的反对意见真的有效。

有人可能对第一个证明提出另一条反对意见，理由是"P"这样的'述谓'是不连贯的，无意义的，等等。我不知道这种反对意见到底将如何贯彻下去，但是无论如何它不是蒯因可以采纳的，因为他自己在讨论模态时恰恰采用了这种方法[①]。我的结论是，蒯因的标准作为本体论责任的标准是失败的。如果它成功的话，那倒真的非常惊人，因为我们将总结说，标记形式是存在责任的确定导向，而那种情况似乎是不应该为真的。换说一句奥尔斯顿的话，是人的说话内容，而不是说话方式，决定其承担什么责任。

但是，如果情形真的是那样，我们可能想知道一般的本体论责任这个观念是不是我们原先猜想的那样清楚。这场讨论的教益可能是，不存在无法简化的存在或本体论责任这一类东西。任何用存在句形式表达的内容都可以用其他形式重新措辞。而且，换说不一定表示同义这种说法不是对这个问题的答复，重要的是有些换说和其替换的陈述具有完全一样的责任，因为使一个陈述为真所需要的事态完全也是使另一个陈述为真所需的事态。我认为，哲学家早就放弃了存在不可简化的否定句的念头；为什么他们会假定一定有不可简化的存在句呢？请想象一下否定责任的标准的无用性（以及相连的'否定学'（deniology）问题）。

既然如此，似乎就不存在独立的本体论责任了。的确存在的问题是：我们如何知道我们的话语使我们承认的那些事实。其中包括存在句形式自然地表达的那些，如"其他行星上有生命吗？""存在喜马拉雅山雪人

[①] W. Quine, *From a Logical Point of View* (second edition), pp. 153 ff.

吗？"所谓本体论问题就这样被一般的知识问题吞没了，因为标记法不是责任的确定导向。所以，我们的本体论责任的琐碎标准3（105页）实际上等于说：人们承认他所断言的是真理（不管他断言的什么）。[①]

在前两个小节，我可能没有说得很清楚，在我正设法揭示的这些混淆背后有一个更深度的混淆：那就是假定谈论共相似乎是令人迷惑的、不受欢迎的、形而上学的，在其他条件相同的情况下，如果可能不谈的话，我们会过得更好。但是，"圣人品行是我们都不具备的"这种说法只是"我们都不是圣人"的好听说法。真正深刻的错误是，看不到第一种说法的无害性。[②]

我们把这一章至此的结论总结一下吧。

1. 弗雷格是正确的，他在指称表达式和述谓表达式的功能之间划出了关键的区分。

2. 他的**理论**导致了自相矛盾，因为他想说述谓表达式也能指称。这种说法的通常论证是无效的，而且它导致了与正确结论1之间的不一致，因此必须抛弃。

3. 抛弃这种说法并不影响他的算术理论，因为它不等于否认共相的存在。

4. 至少根据一种解释，共相是存在的，而且任何特定的共相存在这个命题是（或可以被表达为）重言式。

5. 蒯因的本体论责任标准是不成功的。

6. 不存在不可简化的存在责任这样一类事物。

[①] 顺便提及，这些讨论用到的不自然（有时过时）的术语说明这里有问题。例如，我知道要戒烟、戒酒，但是我怎么类似地"戒除"共相？我能够默许或拒绝默许孩子的无礼行为，但是我怎么默许数字或类别？用"承认"也好不了多少。如果有人严肃地告诉我，他承认存在物质对象，我很可能感觉"他怎么可能不呢？"（因为眼盲、健忘症？），或者像卡莱尔说的那样（"他最好承认"）。

[②] 这不是说人们不在共相问题上说废话，人们可以在任何问题上说废话。

5.4　命题的项理论

那么，我们对引起这场讨论的问题（"什么对应于述谓'—is drunk'，就像山姆对应于'山姆'？"）至此的答复是"无物"。但是，我们可能太着急得出这个结论了。弗雷格不能找到主语与谓语的对称性可能只是因为他试图找到极端形式的对称性，对称性理论是可以找到的，尽管不那么极端。

斯特劳森[①]试图使用比弗雷格中性一些的词语（但沿着弗雷格的路径）描写主谓命题。（我不是说斯特劳森是受了弗雷格的启发。）斯特劳森认为，主语和谓语都辨认"非语言项目"或"项"，并把它们引入命题，于是它们由"非关系性纽带"连接。例如，在用到"玫瑰是红色的"这个句子的陈述中，表达式"玫瑰"辨认一个殊相，一个特定的玫瑰，表达式"是红色的"辨认一个共相，红色的这种性质，或简称"红色"。在命题中，共相和殊相由非关系性纽带连接。这样就避免了弗雷格的概念与对象理论的两个弱点。斯特劳森用（表面上）中性的词"辨认"避免了把谓语说成有指称，并且通过使用非关系性纽带这个观念避免了说句子是词语串，没有使自己陷于矛盾之中。下图试图说清楚斯特劳森和弗雷格的区别。此后，我将把图 2 中的理论称为"项理论"（the term theory）。

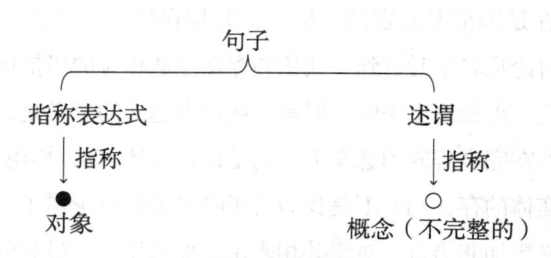

图 1　弗雷格

[①]　P. F. Strawson, *Individuals* (London, 1959).

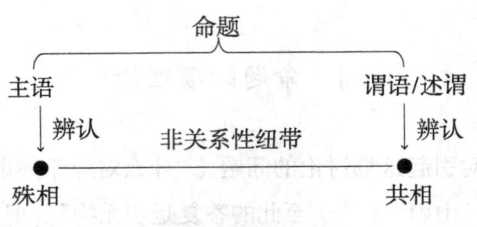

```
                    命题
        ┌─────────────────────────┐
      主语                    谓语/述谓
        │辨认                    │辨认
        │      非关系性纽带       │
        ●                        ●
       殊相                      共相
```

图 2 斯特劳森

项理论比弗雷格的理论令人满意吗？重要的是要强调，斯特劳森并不把项理论（按其现状）看作对主语与谓语之区别的解释，只是作为多种可能的描写中的一种，为我们提供一种讨论某些哲学问题的中性术语。我将论证，这是一种错误的描写，因此肯定会曲解对这些问题的讨论。

如果有人对项理论吹毛求疵，那么他可能指出非关系性纽带这个观念从字面角度是不可解释的。而且，人们可能指出，殊相被引入命题（即它出现在命题中）这种说法按字面解释一定是无意义的。但是，这些吹毛求疵的反对意见出自没有同情心的路径，对本意作为隐喻的表达式做了字面解读。我们意图对两种表达式**辨认非语言性实体**这句话做字面解读。现在我们仔细分析一下这句话。

到底在什么意义上，"是红色的"所辨认的项是非语言的？在什么意义上主语表达式"玫瑰"辨认的项是非语言的，这是容易看清楚的。它是物质对象，其存在是因情况而定的。但是，共相在任何相似意义上是非语言的吗？我们在讨论唯名论时看到，共相的存在是从相应的概括词或述谓表达式是有意义的这一点推论出来的。但是，述谓表达式的意义是语言实体，还是非语言实体？在完全普通的意义上，它是语言实体。从语言实体的存在能推论出非语言实体的存在吗？不是我们关于唯名论的讨论错了，就是共相并不比词语的意义更加非语言。对于共相来说，如果用一个过时的行话，本质与存在是一回事。这只是（一般来说）"命题断言其存在"是（可以是）重言式的另一种说法。但是，"任何非语言实体存在"不可能是重言式。共相这样的实体并不植根于这个世界，而植根于我们表征世界的方式，植根于语言中。

的确，共相不是词语（被看作语音系列时）那样的语言实体，但是，它们是词语意义那样的语言实体，因此是有意义的词语那样的语言实体。

所以，根据区分语言实体与非语言实体的普通标准，这句话是错误的。当然，可能的是：把共相叫作非语言实体的意思，只是它们不是词语（语音单位或书写单位）。但是，按照这种观点，很多我们通常认为是语言实体的东西会变成非语言的。无论如何，图 2 右手边的箭头在命题外部无事可做，左手的箭头则指向命题外部的物质世界的对象；然而，重复一遍，共相并不植根于这个世界。

这些考虑可能导致我们怀疑谓语和主语都辨认非语言性实体这句话的用处。我认为疑惑会变得越来越多，如果我们把审视的目光从"非语言的"转向"辨认"这个词。我们提到过，在完全落实的指称中，说话人通过向听话人传递关于一个对象的事实的方法，为听话人辨认了该对象。但是，说话人在讲说一个述谓表达式时，他并没有用类似的方式辨认一个共相。为了把这点表达得更清楚，我们讨论一下试图用辨认殊相的方法'辨认'共相实际上是什么样子。我们把 1 改写成 2：

1. 玫瑰是红色的。
2. 玫瑰是那本书的颜色。

如果我们假定句子提到的书是红色的，那么 2 就具有和 1 一样的真值。在这里，共相的'辨认'是用类似辨认殊相的方法实现的：通过呈现关于它的一个事实。但是，2 和 1 两者都**辨认红色**中的"辨认"有统一的涵义吗？回答这个问题时，我们不要忘记 2 只是说：

3. 玫瑰与那本书颜色相同。

我认为，很清楚 3 没有在 1 辨认红色的涵义上辨认红色，因为它没有回答

哪种颜色这个问题。(当然,如果听话人已经知道那本书是红色的,那么他就有能力从 2 和 3 推出玫瑰是红色的。但是,这并不说明 2 和 3 在 1 辨认红色的涵义上辨认了红色:我们需要区分命题中(或通过命题)所辨认的和从命题及其他前提所能推论出来的。)说话人可以在讲说 2 这样的句子时辨认红色的唯一情景是,说话人和听话人在所讲说的时间和地点都能看见红色的一个例示,即 2 可以被改写成 4 的情景:

4. 玫瑰是**那种**颜色(伴随指着一本红书的手势)。

除了这种例外,讲说 2 和 3 这样的句子不能辨认共相,而讲说 1 这样的句子则可以。我不是说 2 和 3 不能在"辨认"的任何涵义上辨认红色,只是它们不能在 1 辨认红色的"辨认"的全部涵义上辨认红色。

换言之,我们能够在殊相缺席时辨认它们的唯一方法,恰恰不是在共相缺乏例示时辨认共相的方法。为什么?要回答这个问题,我们只需要回到几个段落前的讨论。共相不是植根于世界的实体,而植根于我们表征世界的方法;因此,它们不是靠诉诸世界事实辨认的,而是靠讲说具有相关意义的表达式辨认的。简言之,我们可以说,共相不是通过事实辨认的,而是通过意义辨认的。这种说法的唯一例外,是说话人向听话人呈现共相的实际例示时。不过,这种情况看起来并不太例外,如果我们记住,这只是学会经验性概括词意义的情景——实物学习情景。所以,我们的说法只等于:在全部涵义上辨认共相的唯一方法是,向听话人呈现相关的意义(用不太形而上学的行话,即讲说相应的表达式),或者把听话人置于他能学会该意义的情景中。

本讨论的目的是说明,项理论在两个非常不同的涵义上使用"辨认"这个表达式,或者,说得更谨慎一点,辨认共相的方法与辨认殊相的方法非常不同。这是因为共相是我们描写世界的方式的一部分,而不是世界的一部分。

至此，尽管我们关于"辨认"的讨论没有对项理论提出新的反对意见，但是，它为更严重的反对铺平了道路。

项理论开始时把讲说单数指称表达式时的殊相的辨认看作辨认的典范。然后，它弱化（或改变）了"辨认"的这个涵义，允许述谓表达式辨认共相。但是，我将指出，一旦我们调整术语，允许说述谓表达式辨认共相，我们就必须前后一致，也在"辨认"的同样涵义上，说主语表达式辨认共相。更广义地说，任何证明述谓表达式辨认共相的论证也必须证明主语表达式辨认共相。如果 1 中的"是红色的"辨认红色，那么"玫瑰"也辨认玫瑰这种性质，或简称"玫瑰性"。如果这一点不是显而易见的，请不要忘了我们可以把 1 改写为：

5. 那个叫玫瑰的东西是红色的。

而这句辨认的共相和下列句子一样多：

6. 那个红色的东西是玫瑰。

我认为，能够证明在 5 或 6 中"是红色的"辨认了一个共相的论证，没有一个不能证明"是玫瑰"也辨认了一个共相。很明显，诉诸"关于"这个观念是没有用的，因为在人们想说 5 是**关于**红色的每一个语境下，人们都能找到一个可能的语境使人们想说它是**关于**"玫瑰性"的。

因此，我反对项理论是因为它不够充分。项理论开始时提到指称表达式辨认对象，然后它问"述谓表达式辨认什么？"并且在适当调整辨认观念后回答说"共相"。但是一旦做出了允许上述回答的调整，我们就可以推出主语表达式也一定能辨认。所以，我们在描写 1 这样的主谓命题的对称性、不对称性时，不能说两个表达式都辨认项，一个殊相，一个共相；因为如果它们有一个辨认共相，那么它们两者都辨认共相。专名和指数表达式不是例外，因为根据辨认原则，如果它们的讲说构成完全落实的指称，它们也一定向听话人传递命题，而命题具有描写内容，因此就能'辨认共相'。

所以，我的结论是，项理论提供的图是错误的。首先，因为共相不是'非语言项目'；其次，因为如果述谓表达式辨认共相，如该理论所声称的，那么主语表达式也辨认共相，该理论却没有提到这一点。如果人们想用性质、概念等内涵观念正确描写典型的主谓命题，那么，他就必须采用弗雷格的思路，说表达命题时，一个成分表达主语概念，一个成分表达谓语概念。两者都是非语言实体。在表达主语概念时，一个成分指称对象，当然，如果有对象满足该概念的话。

如下图：

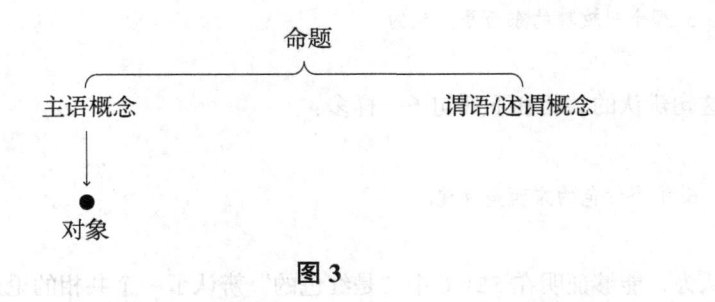

```
           命题
      ┌─────┴─────┐
   主语概念      谓语/述谓概念
      │
      ●
     对象
```

图 3

我不认为此图是必要的，因为我不认为有必要引入概念这个观念，但它至少是正确的。

项理论试图强行为此图安上对称性，第一步是把谓语概念逐出命题（共相是"非语言项目"），第二步是试图把殊相识解为**植根于**命题之中，就像共相那样（共相与殊相都被"引入命题"）。结果导致了上文图 2 中的错误。

这个问题可以被表述如下：项理论把述谓识解为特殊的指称。但是，如果我们要坚持对称性，更准确的可能是把指称识解为特殊的述谓：辨认原则的意思可以被认为是，指称是通过述谓表达出来的辨认。在讲说 1 这样的句子时，主语和谓语都向听话人传递了某种描写性、述谓性内容。主语和谓语之间的区别是功能的区别。主语起辨认对象的作用，谓语（如果整个行事行为是描写或刻画行为）则起描写或刻画已经被辨认的对象的作用。这可能是对这个问题的正确描写。

5.5 述谓与共相

此刻，我想提出一种观点，我觉得这对理解述谓表达式和共相的关系是必要的。我们已经看到从相应的概括词的有意义可以推出共相的存在。现在我想进一步指出，为了得到某个共相观念，我们有必要知道相应的概括词的意义，并有能力应用它（以及相应的述谓表达式）。这就是说，要**理解共相的名称**，有必要理解相应的概括词的用法。但是，相反的情况不成立。"kindness"（善意）寄生于"is kind"（是和善的）："is kind"先于"kindness"而存在。一种语言不可能有"（kindness）"这个观念，除非它包含一个具有"（is kind）"之功能的表达式，但是，它可以有"（is kind）"，而没有"（kindness）"。

述谓表达式先于性质名称这一点可以由这个事实证明——我们可以想象一种语言有能力做出陈述（以及实施其他行事行为），它们只包含用来指称殊相的表达式和有屈折变化的述谓表达式；但是，我们不能想象一种语言只包含用来指称殊相的表达式和用来指称性质的表达式。我们可以说一种包含"Socrates"（苏格拉底）、"this rose"（这株玫瑰）以及"is a man"（是人）和"is red"（是红色的）这样的表达式的语言，但是，不能说除了"Socrates"和"this rose"只包含"wisdom"（智慧）、"redness"（红色）这样的表达式的语言。我们甚至不能教"wisdom""redness"这样的表达式，除非学生已经理解红色的和智慧的（wise）是什么意思，而理解这些就是理解相应的述谓的用法。

当然，一旦我们掌握了述谓表达式的用法，就容易推论出相应的性质名称。有时候我们想谈论适用于一个概括词的所有事物的共同性，自然就会创造"智慧""善意"等等这样的指称表达式，因为谈论这些共同性的典型手段是指称表达式的语法形式。因此，这样的抽象实体就具体化了，并且也有了我们讨论唯名论时看到的具体化无害论。

性质名称之所以依赖概括词，是因为性质名称几乎总是和相应的概括词同源：如"wise"生成"wisdom"，"kind"生成"kindness"，等等。在无句法的语言里，两者可能没有差别，我们将不得不根据语境猜测某表达式是用来指称还是述谓。在英语这样的语言里，性质名称是由包含相应的述谓表达式的基础短语标记通过名物化转换生成的。述谓表达式的语义优先性反映在句法上就是生成语法的述谓先在性。

一旦我们认识到特定的共相观念寄生于如何使用相应的述谓的知识，简言之，共相寄生于述谓表达式，述谓表达式先在于共相，某些哲学问题就变得清楚了。例如，很明显我们不可能通过诉诸殊相-共相区分得到主语-谓语区分的**标准**。项理论似乎为我们提出了这样一个标准，但那是无望的、循环的；因为，不先理解相应的述谓表达式，就不能理解一个特定的共相观念；因此，共相观念不能为主语-谓语区分提供标准。① 我在这里并不想提出一个**一般的**观点——没有指称和述谓的言语行为就不可能有"殊相"和"共相"的一般观念；我只想提出一个特殊观点——如果不知道如何使用衍生出共相的统称，就不可能拥有**任何特定共相**（any given universal）这个观念。

而且，关于共相的这个理论解释了为什么指称共相的语义条件非常不同于指称殊相的语义条件。为了满足殊相的辨认公理，说话人必须知道辨认原则所描写的环境事实。为了满足类似的共相辨认原则，这样的事实信息却不是必要的。共相的辨认公理只需要说话人知道，作为指称共相的抽象单数词之基础的统称的意义。

---

① 相反的观点请参阅 Strawson, *Individuals*, 第二部分。

同样，我们对共相的衍生性质的认识为古老的形而上学信条——只有共相而非殊相可以述谓——提供了简单的理论根据。① 我可以顺便提到，任何人主张项理论这样的信条都似乎碰到了一个哲学问题；因为项理论声称主语和谓语是对称的，不对称性似乎必须得到解释。② 但是，一旦我们认识到述谓先在于共相，该信条就被简化为语法琐事：某人"述谓了一个性质"，只能表示他在成功实施行事行为时使用了一个述谓表达式。这样一来，人们只能述谓性质这种形而上学观点就被简化为，只有述谓表达式才可以成为述谓表达式这种说法。看似形而上学的认识被简化成了语法重言式。

5.6 述谓是言语行为吗？

至此，本章的论证看起来一定主要是否定的。我花了相当篇幅质疑了两种描写 1 这样的单数主谓命题方法的合适性（第 113 页）。这两种方法有共同的特征。两者都把谓语部分识解为类似主语部分；两者都进行了这样的类比，即抽象实体与谓语表达式的关系类似于具体实体与主语表达式的关系。我认为，这种类比不成立。我花费这么多篇幅批评这些理论是有理由的，那就是把述谓识解为一种指称（或类似指称）是西方哲学史上最持久的错误之一。③ 为根除该错误而付出的努力再大也不为过。而且，我认为在根除这种错误之前，是不可能理解指称与述谓之间的区别的。

那么，述谓这种言语行为的本质是什么呢？我的第一步答复是指出，述谓在一个重要意义上和指称及很多行事行为不一样，它根本不是一个独立的言语行为。这一点可以由下列例句来证实："You are going to leave"（你准备离开），"Leave!"（请离开！），"Will you leave?"（你将离开

---

① Aristotle, *Categories*.（我并不是说亚里士多德会同意我对这个观点的表述。）
② 斯特劳森试图提供一个解释，见前引书。
③ 作为一个突出例证，参阅 V. Lenin, *Marx-Engels Marxism* (Moscow, 1951), p. 334.

吗？），"I suggest that you leave"（我建议你离开）。这些句子的每个讲说都在不同的行事行为中述谓了"你"的"离开"。用我们的常规标记，每一个都是 $F(\begin{smallmatrix}R & P\\ \text{you leave}\end{smallmatrix})$ 这种形式，其中变量 F 的不同值表示不同的行事语力。但是，现在请注意一个有趣的现象，不同的"F"和"leave"之间的关系不像"F"和"you"之间的关系。不同的语力指示手段似乎决定"leave"被述谓给"you"的方式。F 项作用于述谓项，以便决定它跟指称项指称的对象的联系方式：如果句子是疑问式，其疑问特性（F 项）决定这次讲说的语力是询问谓语（P 项）是不是真实于主语（R 项）指称的对象。如果句子是祈使式，其祈使行事语力指示手段（F 项）决定由 R 项指称的对象将实施 P 项指明的行为，其他例子以此类推。

根据这种分析，每种情况下行事语力指示手段都作用于中立的谓语表达式，以决定面对主语表达式指称的对象时用什么方式提出谓语表达式的真值问题。请注意，另一方面，F 项不影响 R 项的作用。其作用永远是中立的辨认（即使辨认的那种对象可能是 F 项的一种功能）。这种不同可以这样表达：指称相对于行事语力永远是中立的；而述谓从来都不中立，总是以某种行事方式出现。尽管指称是从整个行事行为抽象出来的，它却是一个独立的言语行为。类似的是，移动马是从象棋游戏抽象出来的（因为它只有在玩象棋时才算作移动马），但它仍然是一个独立的行为。述谓也是一种抽象，但它不是一个独立的行为。它是整个行事行为的一部分，就像指示行事语力不是一个独立的行为，而只是行事行为的另一部分。那么，我们为什么需要这个观念呢？我们需要这个观念，因为不同的行事行为可以有共同的内容，如我们在上文看到的例子那样，我们需要一种方式把整个行事行为的行事语力方面与命题内容方面分别开来。如果我们记住述谓（以及由此而及的命题行为）是从整个行事行为抽象出来的涵义，那么把它称作"述谓言语行为"就没有什么坏处。尽管我们讨论的只是一个部分——整个行事行为中决定应用于主语表达式所指称的对象的内容的那个部分，不涉及应用该内容的行事方式。所以，下文的分析跟对指称和行事行为的分析不是一回事。和第三章一样，我们要分析的也是行事行为，但是，现在我们要分析的是，在上述涵义上跟内容有关的那部分。

5.7 述谓规则

在开始分析之前，有些问题需要简短澄清一下。首先，我说过，述谓呈现某种内容，呈现该内容的方式是由句子的行事语力决定的。有没有方法把这种呈现刻画得不像上文那样形而上学，但仍然维持述谓是从特定行事行为抽象出来的性质？对这个问题的答复，如果有的话，将构成类似述谓基本条件的东西。我想不出比前一段建议的更好的答案。为一个对象 R 述谓一个表达式"P"，就是对所指称对象的述谓表达式是否真实提出疑问。因此，在讲说句子"Socrates is wise"（苏格拉底是智慧的）、"Is Socrates wise?"（苏格拉底是智慧的吗？）或"Socrates, be wise!"（苏格拉底，智慧点！）时，说话人提出了苏格拉底是否真的"智慧"（wise）这个问题。这种表述有点尴尬①，但它确实有些好处。"提出……这个问题"在此处却不是被识解为一个行事行为，而是很多行事行为的共同部分。因此，重复一遍，那个断言苏格拉底智慧的人，那个询问苏格拉底是否智慧的人，以及那个要求苏格拉底智慧些的人，都可以说提出了他是否智慧这个问题（及他是否真的"智慧"的问题，或在被要求的情况他是否真的会变"智慧"的问题）。同样，人们不能光提出这个问题而不做其他任何事。例如，即使说话人说"我就此提出苏格拉底是否智慧这个问题（及苏格拉底是否智慧的、苏格拉底是否真的"智慧"等问题）"，我认为，我们都会把它解释为**询问**苏格拉底是否智慧。人们只会在实施某些行事行为时提出这个问题。或者换个说法，人们不可能只提出这个问题，而不以这种或那

---

① 对于祈使句尤其尴尬，因为祈使句的目的是使世界适应词语，而用"真的"断言话语时，却把成功归于使词语适应了世界。

种形式提出这个问题，如疑问、断言、允诺，等等。这一切都是下列事实的镜像——述谓不是一个能够单独发生的行为，而只能作为某些行事行为的一部分发生。

对述谓的这种刻画的好处是能够解释某些语料，其他方法却很难。例如，自从维特根斯坦的《逻辑哲学论》出版以来，哲学家们经常说，"或者在下雨，或者没下雨"这样的重言式句子没有表达什么，是空虚的。没有什么比这离真理更远。说一个政治家"他要么是法西斯主义者要么不是"，与说"他要么是共产主义者要么不是"，两者有很大的差别。两者都是重言式断言，它们之间的差别要解释为述谓的差别。第一句提出了他是否法西斯主义者的问题，第二句提出了他是否共产主义者的问题。其断言的字面行事行为没有任何危险，因为命题所断言的是重言式，但是在命题内部，述谓这些事情的行为本身，可能是正当的或不正当的。这种述谓可能附带引入新的、相当弱的行事语力指示手段所不承载的行事语力。例如，在某些语境下，第一句可能被部分地换说成"我提议可能是这种情况——他是法西斯主义者"，这句话有一种暗示的行事语力。这样一个表达式的这种述谓行为可能引入新的行事语力。

重要的是，要强调一下，动词"述谓"（predicate）和同源名词"述谓"（predication）的这种用法是一个选择问题，在这个意义上，它是任意的。在这种情况下，就像常常发生的那样，选用的分类方法决定了分析的方向。我发现这种分类方法比其他我试用过的要好，但是，我不否认其他方法也是可以的。

述谓同真理之间的关系可以说得更清楚一点。知道一个统称词的意义，因而知道述谓表达式的意义，就是知道在什么条件下相对于一个给定的对象它为真或假。它在某些条件下为真，在其他条件下为假。而且，我们将看到，相对于某些对象，某些述谓在任何条件下都既不真，又不假。如果一个说话人就一个对象断言一个命题，他就担保世界上存在这种事态，相对于这种对象该述谓为真（且做必要的小改动以适用于其他言语行为）。该述谓表明，说话人担保的是关于该对象的哪种事态。老一代哲学家没有错，他们说要知道命题的意义就是知道在什么条件下它为真或为假。但是，他们的解释不够全面，因为他们没有讨论可以从中产生命题的不同的行事行为。

在分析言语行为时，我们一直区分可以被称作**内容**和**功能**的东西。在整个行事行为中，内容就是命题，功能则指呈现命题的行事语力。在辨认指称行为中，内容是指称表达式的涵义或跟讲说该指称表达式相连的辨认描述语，功能则指辨认对象在哪种涵义上被呈现这种作用。正如我试图澄清的那样，该区分并不真正适用于述谓。述谓只提供内容，呈现内容的作用（至少在我们讨论过的简单言语行为中）完全是由该讲说的行事语力决定的。用"提出问题"的方法刻画述谓并不说明它是一个独立的行为，它只是出现一个给定的内容时所有行事行为所共有的部分。

述谓观念的这种抽象性质一定会给进一步分析述谓造成困难，但是如果不试一试，我们就不知道这种分析是否可行。所以，我们看一下下述分析。

如果 S 当着 H 的面讲说了一个表达式 P，那么，就 P 的字面讲说而言，S 成功地、无缺陷地为对象 X 述谓了 P，当且仅当下列条件1—8成立：

1. 正常的输入、输出条件成立。
2. P 是作为某个句子（或长度相似的语篇）T 的一部分讲说的。
3. 讲说 T 是实施或意图实施一种行事行为。
4. 讲说 T 涉及成功指称 X。

为了使说话人能就一个对象述谓一个表达式，他必须成功地指称该对象。

5. X 是这样的类别或范畴，使得逻辑上有可能使 P 相对于 X 为真或假。

该对象必须是这样的类别或范畴，使得该述谓表达式或其否定式能够相对于它为真或假。对应于一个给定的述谓观念的是对象这个范畴或类别观念，相对于它，该述谓可以为真或为假。例如，对应于"是红色的"这个述谓的，是有色的（或可以有色的）对象这个观念。"是红色的"只能被述谓于有色的或可以有色的对象。我们可以真实地或虚假地为窗户述谓"红色的",但是,不能为素数述谓"红色的"。我们可以采用斯特劳森的观点,说"是红色的"**预设**"是有色的"。"预设"可以被语境化地界定为:一个表达式 a 预设 b,当且仅当为了使 a 相对于对象 X 为真或为假,b 必须相对于 X 为真。[①]

因此,我们可以把关于述谓的条件 4 和 5 总结为:对于任何说话人 S、对象 X 以及述谓 P,S 要在讲说包含 P 的句子时为 X 述谓 P,其必要条件是,X 应该在该讲说中成功地得到指称,并且 P 的所有预设对应于 X 都应该为真。

6. S 意图通过讲说 T 提出相对于 X,(在某种行事方式中——该方式由句子中的行事语力指示手段指明)P 为真或为假的问题。

7. S 意图使 H 知道,其讲说 P 就是提出了相对于 X,(在某种行事方式中)P 为真或为假的问题,其方法是使 H 认出 S 的意图;而且,他意图 H 通过了解 P 的意义的方法认出前一个意图。

8. 管控 P 的规则是这样的:当且仅当条件 1—7 成立,P 才被正确地在句子 T 中得到讲说。

使用述谓手段 P(为对象 X 述谓 P)的规则:

规则 1. P 只能在句子语境或长度相似的语篇 T 中被讲说,其讲说可以是实施某些行事行为。

规则 2. 只有当讲说 T 涉及成功指称 X 时,P 才能在 T 中被讲说。

规则 3. 只有当 X 是这样的类别或范畴,使得逻辑上有可能使 P 相对于 X 为真或假时,P 才能被讲说。

规则 4. P 这个讲说算作提出了这个问题——相对于 X,(在某种由句子的行事语力指示手段决定的方式中)P 为真或为假。

---

① 关于该观点的进一步讨论,参阅 J. R. Searle, 'On determinables and resemblance', *Proceedings of Aristotelian Society*, supplementary vol. (1959).

第二部分
理论的应用

第二部分

现金的合理运用

第六章
当代哲学的三个谬误

这一章我将揭示当代哲学的三个相关的谬误，然后运用本书第一部分的概念和方法对它们做出诊断，并对有关语料提出不同的解释。我将试图证明，这三个谬误相互关联，全都源于共同的弱点，其特定的语言分析没有以连贯的一般路径或语言理论为基础。现在可以称作语言分析的经典阶段（大约从第二次世界大战后到 1960 年代早期这个阶段）的语言哲学家们，对语言细节和区分具有敏锐的洞察力，但是没有什么理论系统以处理所发现的语言区分的事实。本书的一个目的就是提供言语行为理论的前期成果。这样的理论，如果恰当，应该能比经典阶段的临时方法更恰当地处理某些语言区分。因此，这一章除了揭示这些谬误，也将把该理论应用于当前的哲学问题。并且，如果该理论有能力恰当地处理这些问题，这也是对理论的进一步确认。

因为我将对当代语言哲学提出一些批评，这可能是合适的机会指出，我认为当代语言哲学做出了真正卓越的贡献。说它掀起了一场哲学革命（本书不过是这场革命的细小成果）只是稍嫌夸张。我将更正一些错误，但这不应该被看作对语言分析的否定。

6.1 自然主义谬误之谬误

第一个谬误我将称之为**自然主义谬误之谬误**（naturalistic fallacy

fallacy）。这种谬误假设，任何被称为描写性的陈述逻辑上都不可能衍推通常被称为评价性的陈述。经典时期的语言道德哲学家大肆宣扬这个假定的事实——任何描写性陈述都不可能衍推评价性陈述；这可能对穆尔（Moore）有点不公平，他们把认为这种衍推是可能的理论称作自然主义谬误。[①] 描写性陈述不可能衍推评价性陈述这种观点，虽然跟伦理学有关系，却不是具体的伦理学理论；这是一种关于话语的行事语力的一般理论，伦理学话语只是一种特例。

证明任何描写性陈述都不可能衍推评价性陈述的论证思路很难概括，幸运的是，有一种比逐步分析其论证思路更简单的方法来反驳他们。证明他们是错误的最简单的办法是举出反例，举出上述理论家很清楚认为是'描写性'的陈述，明显地、毫无疑问地衍推，上述理论家很清楚认为是'评价性'的陈述的例证。为了保证我呈现的例子无疑真的是这些作者所谓的评价性、描写性陈述，我将只用我讨论的这群作者中著名的一位用过的例子。我意图做的是，说明那些被用来证明**不可能**从描写性陈述衍生出评价性陈述的例子，恰恰是从描写性陈述**衍生出**评价性陈述的例子。我将从 J. O. 厄姆森（Urmson）的著名论文《关于有效性的一些问题》[②]（Some questions concerning validity）开始。

厄姆森说："我认为，一旦'有效的'（valid）被陈述，它很清楚就是个评价性表达式。谈论一个好的例证在大多数情况下就是谈论一个有效的例证……关于这一点的详细论证看起来是多余的。"[③]

他还说："把一个论证称作有效的不仅仅是从逻辑上为它分类，就像

[①] 尽管我将继续使用这个术语，但我是带点犹豫的，因为当代的观点实际上和穆尔的非常不同。参阅 *Principia Ethica* (London, 1903)，第一章。我将不会关注穆尔对"自然主义谬误"的认识。

[②] *Revue Internationale de Philosophie* (1953)；重印见 A. G. N. Flew (ed.), *Essays in Conceptual Analysis* (London, 1956), pp. 120 ff.

[③] 同上，第 127 页。

我们说它是三段论，或肯定前件推理，它至少部分是评价或评估，是表明赞成它。同样，把一个论证称作无效的是谴责、否定它。"[1] 他接着声称，因为断言一个论证有效的陈述是评价性的，它就不可能是这种情况——被任何描写性或"分类性"陈述衍推，或和其在意义上等同。"有效的"不可能用纯粹描写性词语界定，因为"有效的"是评价性词语。同样，任何描写性陈述都不可能衍推"这是一个有效的论证"这种形式的陈述。

这个结论是用演绎论证证明的。此处实际上有两个论点：第一，"有效的演绎论证"这个表达式不能用纯粹描写性词语界定；第二，对演绎论证的描写不能衍推这是一个有效的论证。我觉得这两个论点都是错误的，现在我想提出反例，证明它们的错误之处。根据"定义"的涵义，它提供一个逻辑等式，即一组逻辑充要条件，"有效的演绎论证"这个表达式的定义是：

X是一个有效的演绎论证 $=_{df.}$ X是一个演绎论证，且X的前提衍推其结论。

同时，对一个论证（它衍推这是一个有效的演绎论证）的描写是：

X是一个演绎论证，其前提衍推其结论。

有人可能辩解，"衍推"是一个评价性表达式（尽管我看不出来它怎么可能）。但是，那样的话，我们就可以使用很多其他的**描写**，它们将足以衍推该**评价性**陈述"X是一个有效的演绎论证"。例如，"前提在逻辑上是结论的充分条件""由前提可以合乎逻辑地推出结论""肯定前提而否定结论是前后不一致的"，等等。[2] 这些句子是用来描写论证的，并且每一

---

[1] *Revue Internationale de Philosophie* (1953)；重印见 A. G. N. Flew (ed.), *Essays in Conceptual Analysis* (London, 1956), p. 126.

[2] 我们能够提供的一些描写会给所谓的严格蕴涵的悖论造成困难，但是，有效性这个观念本身也是这样，所以，我把悖论看作与本讨论无关。

个这样的描写都足以衍推**评价性**结论——该论证是一个有效的论证。这样，我们就反驳了任何描写性陈述都不可能衍推评价性陈述这种观点。

在自然主义谬误之谬误背后有一条关于语言理论的基本原则——在评价性表达式的意义与其应用标准之间有一条逻辑鸿沟。[①] 这个信条现在面临的问题是，一旦我们申明一个论证是演绎的，我们就已经为其有效性制定了标准。所以，即使一般来说"有效的"这个词的意义和有效性标准之间有鸿沟，"有效的演绎论证"的意义和有效性标准之间也不可能有鸿沟，因为"演绎"这个词本身承载了标准。换言之，根据该理论，评价性陈述永远不可能完全是客观事实问题，因为原则上人们总是可以就应用于评价的标准持不同的意见。最终，人们将不得不在标准问题上做出选择，而这种选择就会给评价性陈述引入不可消除的主观因素。但是，当前讨论的情况没有这种选择的空间。一旦我们决定如此这样的是演绎论证，就不再有逻辑空间来选择外在的标准，用以评价或评估其有效性。把它刻画为演绎的，就为其评估指明了演绎标准。这不是一个**意见**问题——这个陈述"所有人都有死，苏格拉底是人，所以苏格拉底有死"是有效的演绎论证。

我们重述一下这个论点。厄姆森认为"X是有效的演绎论证"这种形式的陈述，分明是评价性陈述，而且这很可能是正确的，因为在讲说这种句子，做出这种陈述时，我们一般是在评价一个论证（给与其评价）。这种观点给我们提出了两个问题：第一，有可能用描写性词语界定一个"有效的演绎论证"吗？第二，我们有可能给一个论证一种描写，它将衍推"X是有效的演绎论证"这种形式的陈述吗？我对这两个问题的答案都是"是的"。使用描述逻辑关系的典型术语，比如"分析的""从中推出""逻辑充要""为真""自相矛盾"等，可以为"有效的演绎论证"这个表达式组成任意数量的定义，结果是，使用这些术语可以对X这个论证进行任意数量的描写，这些描写将衍推"X是有效的演绎论证"这种形

---

① 参阅 R. M. Hare, *The Language of Morals* (Oxford, 1952), chapter 2。

式的评价性陈述。所以，这是一个很清楚的案例，其中的所谓描写性陈述衍推所谓的评价性陈述。而且，这个案例更有意思的是，它原是用来向我们证明这种衍推**不可能的**一个例子。

一旦我们抛弃了这个教条（没有描写性陈述可以衍推评价性陈述），就不难发现其他的例证。请看同一作者另一篇著名论文《论分级》中的例子。[①] 在该文中，厄姆森讨论了英国农业和渔业部颁布的为苹果分级的词语，与该部提供的应用这些词语的标准之间的关系。例如，该部引入了"特优级"（Extra Fancy Grade）这个名称，并规定了该等级的一些适用标准；我按照厄姆森的做法，把那些标准缩略成 A、B、C。在探讨陈述"这个苹果是特优级"与陈述"这个苹果具有 A、B、C 这些特征"之间是什么关系时，厄姆森说两者之间的关系不可能是衍推关系，因为"特优级"是评价性词语，"A、B、C"是描写性词语。"具有 A、B、C 特征的东西是特优级"这个陈述不可能是分析性的，因为描写与评价有区别。然而，我想问一声，"这个苹果是特优级"不可能合乎逻辑地从"这个苹果是 A、B、C"推论出来，这个假定真的成立吗？值得注意的是，他引用的政府文件标题为"质量的**定义**"（我加的黑体）。[②] 该部提出了**定义**，而既然定义是他们提出的，那么"具有 A、B、C 特征的苹果是特优级"这个陈述，就和任何其他分析性陈述一样，是分析性的。一个人如果说了"这些苹果是 A、B、C"，却否认它们是特优级，那么，他或者不明白他所用的词语，或者他把它们用在了不同于它们被定义的意义上，或者他自相矛盾。这些特点恰恰标明了这两种陈述之间存在衍推关系。

当然，**讲说**"这个苹果是特优级"的典型行事语力和讲说"这个苹果具有 A、B、C 特征"的典型行事语力，无疑是非常不同的。如厄姆森所述，第一句话的典型语力是为苹果分级，而第二句的典型语力是描写它。

[①] 'On Grading', *Logic and Language*, ed. by A. G. N. Flew, second series (New York, 1953).

[②] 同上，第 166 页。

但是，这两句话具有不同的典型行事语力这个事实，并不足以证明第一句话表达的**命题**不衍推第二句表达的**命题**。和这个区分（一句话表达的命题与其行事语力之间的区分）密切相关的，是一个句子的意义与其讲说的语力之间的区分，以及我将论证的意义与用法之间的区分（不是等同）。为了清楚说明自然主义谬误之谬误，我们将不得不在下文讨论这些区分。但目前我只想指出，**就本点而言**，该谬误的本质，是从两句话有不同的行事语力这个事实，推出一句表达的命题不能衍推另一句表达的命题。

所以，再说一遍，我们发现被用来证明不可能从描写性陈述推出评价性陈述的例子，在仔细审视下，恰恰就是描写性陈述**衍推**评价性陈述的例子。

至此，我没有试图解释自然主义谬误之谬误的来源和特征，只是揭露了它。下文我将更详细地讨论其来源，并尝试指出其特征。

6.2 言语行为谬误

现在我转向相关的第二个谬误，我称之为**言语行为谬误**（speech act fallacy）。

在语言分析的经典时期，哲学家们常常表达如下观点：

"good"（好的）这个词是用来称赞的（黑尔）。[1]
"true"（真的）这个词是用来为陈述背书或表示认可的（斯特劳森）。[2]
"know"（知道）这个词是用来做担保的（奥斯汀）。[3]

---

[1] R. M. Hare，前引书。

[2] 'Truth', *Analysis*, vol. 9, no. 6 (1949)；重印见 Margaret Macdonald (ed.) *Philosophy and Analysis* (Oxford, 1954)。

[3] 'Other Minds', *Proceedings of the Aristotelian Society*, supplementary vol. 20 (1946); 重印见 *Logic and Language*, second series (NewYork, 1953)，及其他。

"probably"（很可能）这个词是用来限制责任的（图尔明（Toulmin））。①

每一句都是"W 这个词是用来实施言语行为 A 的"这个型式。而且，通常情况下②，说这些话的哲学家把这些陈述作为对这些词的意义（至少是部分）的解释：他们用"W 是用来实施行为 A"的形式从哲学角度解释了 W 这个概念。同时请注意，在这样做的时候，他们把所讨论的这些词同所谓的施为动词做了类比，在大多数情况下是明确地这么做的。就像"promise"是用来允诺的，"bet"（打赌）是用来打赌的，他们认为，"good"是用来称赞的，"true"是用来背书的，等等。

我们把这种分析型式叫作**言语行为分析**吧。然而，有一个任何词义分析都必须满足的恰当条件，言语行为分析却没有满足。任何词（或词素）的意义分析都必须符合这个事实——同一个词（或词素）可以在它有可能出现的所有语法上不同的句子里表示同样的意义。句子的句法转换不一定会强行改变这些句子中的成分词或词素的意义。"真的"这个词在疑问句、直陈句、条件句、否定句、选择句、祈求句等句子里都表示（或可以表示）同样的意义。如果不这样的话，会话就是不可能的，因为"这是真的"不会是对问题"这是真的吗？"的回答，如果"真的"从疑问句变成直陈句时改变了其意义。

这是一个明显的恰当条件，但是言语行为分析却没有满足这个条件。这种分析有两种解读方法，不管哪一种都没有满足这个恰当条件。简单的识解方法是，假定言语行为分析者说的"W 是用来实施行为 A"，表示 W 这个词的每次字面讲说都实施行为 A。如果这是他们的意思，这种说法太容易被驳倒了，因为即使"这是好的"这个句子的讲说是实施称赞行为，"请保证这是好的"这个句子的讲说则不是实施称赞行为，它实施的是提

---

① 'Probability', *Proceedings of the Aristotelian Society*, supplementary vol. 24 (1950); 重印见 *Essays in Conceptual Analysis* (London, 1956)。

② 但也有例外，奥斯汀就特别谨慎，他不敢肯定他的分析一定解释了"知道"的意义。

出要求、发出命令的行为。而且,这样的反例不胜枚举。言语行为分析者是不可能犯这么简单的错误的,所以,我们必须转向更复杂的第二种解读。言语行为分析者常常为"W 是用来实施行为 A"这样的陈述加上一个限制——W 的**第一**应用是实施行为 A。因此,他们并不承认 W 的每次字面讲说都是实施行为 A 的,他们承认的是,那些不实施该行为的讲说都必须用实施该行为的讲说来解释。

更确切地说,要满足恰当条件,言语行为分析者不需要证明 W 的每次讲说都实施行为 A,他们需要的只是证明那些不实施行为 A 的字面讲说和实施行为 A 的讲说之间的关系,就像这些句子和实施其行为的标准直陈句之间的关系,纯粹是由这些句子的讲说方式决定的。如果它们是过去时,该行为就发生在过去;如果它们是假设句,该行为就是假设的,等等。他们需要证明这一点,以便说明这个词如何对每个不同的句子做出了同样的贡献,同时又坚持施为用途是第一用途。

现在已经清楚,施为动词的言语行为分析满足了恰当条件。[①] 例如,当一个人说"如果他允诺了 p,那么,就会如此这样"这样的话,他就假设那个人实施了某行为(当他说"我允诺 p"这样的话时实施的行为)。但是,同样清楚的是,对"good""true""probable"等其他词的言语行为分析没有满足这个条件。请看下列例子:"If this is good, then we ought to buy it"(如果这是好的,那么,我们应该买下它)不等于"If I commend this, then we ought to buy it"(如果我称赞它,那么,我们应该买下它)。"This used to be good"(这个曾经是好的)不等于"I used to commend this"(我曾经称赞它)。"I wonder whether this is good"(我想知道这是不是好的)不等于"I wonder whether I commend this"(我想知道我是不是称赞它),等等。类似的反例会批驳对"true""know""probable"等词的言语行为分析。

[①] 当然,根据其他理由,这可能是错误的。

"W 是用来实施行为 A"这个陈述,是通过研究包含 W 的简单现在时直陈式句子得到的,它不能解释很多不是简单现在时直陈式的句子里出现的 W。然而,很明显 W 在这些句子里表示的意思,和它在简单现在时直陈式句子里的意思是一样的,所以,"W 是用来实施行为 A"的这个陈述不能解释 W 的意义,即使对该陈述做复杂的解读。

言语行为谬误的一般性质可以用"好的"(good)作为例子陈述如下。把某物称为"好的"是典型的赞扬、称赞或推荐等。但是,从这一点推出,"好的"之意义可以被解释为它是用来实施称赞行为的,那就是谬误。我们证明了这是谬误,说明有无数的反例句子用了"好的",然而这些句子的字面讲说并不实施称赞这个言语行为,也不能解释说句子的其余部分把该讲说跟实施称赞言语行为联系了起来。

言语行为分析者正确地看到,把某物称为"好的"是典型的称赞(或赞扬、赞成等);这种意见可能成为分析"好的"这个词的起点,但是,它却被当成了整个分析本身。很容易证明这不是恰当的分析,因为有各种包含"好的"这个词的句子,其讲说不能用称赞(或赞扬等)来分析。

我在此处提出的不是仅仅关于"好的"这个词的观点,而是关于哲学分析的型式的非常普遍的观点。一种常见的分析型式是,通过"W 这个词是用来实施行为 A"的这种形式的陈述,解释(至少是部分地解释)某些哲学上重要的词语的意义。不过,如果有人提出一种词义分析,那么,他的结论必须适用于该词的字面意义的所有字面用法,否则它就不是一个充分的分析。对我们一直在讨论的词语所做的言语行为分析是不充分的,因为各个词语都有多种字面用法,其讲说与实施该行为之间并没有必然的联系来避免这样的分析结果,即该词必须随着出现于其中的句型的变化而改变它的意义。特别是:(a)各词语有多种字面用法不实施有关言语行为;更重要的是,(b)这些用法不能纯粹以用句子其余部分把该词语跟实施该言语行为联系起来的方式来解释。值得重申的是,这条反对意见不适用于施为动词的言语行为分析(也不适用于感叹词的言语行为分析)。

至此，我只谈了一点本谬误之来源，但是，我想谈一下它和自然主义谬误之谬误的关系。如果有人假定，"有效的"这个词的意义使它与特定的言语行为（如分级、评价）有牵连，那么，表示逻辑关系的词语（我们不会假定它们与分级、评价这样的言语行为有必然联系）似乎就不可能被用来界定"有效的"，因为衍推是个意义问题。同样，只包含后一种表达式的陈述似乎不足以衍推一个论证是有效的这种陈述。一般来说，如果我们把"W是用来实施A"作为W的部分分析，那么，相对于X、Y、Z这些词语（我们认定X、Y、Z都没有用来实施A），似乎W就不可能由X、Y、Z来界定；而且，"A是W"这种形式的陈述就不可能被"A是X、Y、Z"这种形式的陈述所衍推。因此，言语行为谬误是自然主义谬误之谬误的一个支柱。一部分原因是经典语言道德哲学家对某些词语的言语行为分析有误，他们认为涉及这些词语的逻辑关系不成立。在对言语行为谬误的讨论中，我试图证明这种分析是错误的；在对自然主义谬误之谬误的讨论中，我试图证明至少在某些情况下这种逻辑关系是成立的。

6.3 断言谬误

现在，我转向第三个谬误。它和第二个谬误密切相关，我称之为**断言谬误**（assertion fallacy）。这种谬误将实施断言言语行为的条件与对某些断言中出现的特定词语的意义分析混为一谈。

语言哲学家想分析知识、记忆、自发的行为等传统上很麻烦的概念的意义。为此，他们探讨了"know"（知道）、"remember"（记得）、"free"（自由的）、"voluntary"（自发的）等表达式的**用法**。这种方法的问题是，在实践中它几乎总是等于询问我们什么时候做出这种形式的断言——"我知道如此这样""他记得如此这样""他自发地做了如此这样"。然而，没有简单的办法能告诉我们，对上述问题的回答有多少取决于**做出断言**这个观念，有多少取决于哲学家想分析的概念。

有的哲学家注意到在某些情况下说某些事情是非常奇怪、异乎寻常的，所以，他得出结论：因为这个原因某些概念不能应用于这种情景。例如，维特根斯坦指出在正常情况下，当我感到疼痛时，说"我**知道**我很痛"是很奇怪的。[1]另一位语言哲学家[2]指出，一个正常的成年英国人在普通情景下说"我**记得**自己的名字""我**记得**如何说英语"是很奇怪的。他们然后得出结论：这些观点涉及知道、记得这些概念，这些概念只适用于某些条件下。然而，我将论证，说这些事情之所以奇怪是因为它们**太明显**了，不值得说。当我感到疼痛时，我知道我很痛，这明显是真的；同样明显的是，我当然记得自己的名字，我记得如何说英语。在正常情况下说这些事情之所以奇怪，恰恰是因为它们太明显了，没有价值说。

但是，在阐述这一点之前，就做出断言的条件而言我想讨论一下该谬误的其他例子。莱尔（Ryle）在《心的概念》[3]中说，在它们最日常的使用中，"voluntary""involuntary"（非自发的）这样的形容词只能应用于不应该发生的行为。他说："因此，在这种日常使用中，讨论令人满意的、正确的、值得赞赏的行为是自发的还是非自发的，是荒唐的。"[4]

奥斯汀在《为辩白之辩》（A plea for excuses）一文[5]中提出了一个类似且更普遍的论断。他说，正常动词在**标准**情况下，**没有一个**需要修饰行动的表达式——"voluntary"、"intentional"（有意的）、"on purpose"（故意地）、"deliberately"（蓄意地）等这样的表达式，也不需要其否定形式。"我们只有以不同于正常实施行为时的**特殊**方式，或在**特殊**情况下，……才需要，甚至必需，修饰表达式。"[6]他用口号总结了这个论断——"无修

---

[1] Ludwig Wittgenstein, *Philosophical Investigations* (New York, 1953)，如第 246 节。

[2] B. S. Benjamin, 'Remembering', *Mind* (1956)；重印见 Donald F. Gustafson (ed.), *Essays in Philosophical Psychology* (New York, 1964)。

[3] G. Ryle, *Concept of Mind* (London, 1949)。

[4] G. Ryle，同上，第 69 页。

[5] 重印见 *Philosophical Papers* (Oxford, 1961)。

[6] 同上，第 138 页。

饰无偏差"（No modification without aberration）。[①] 除非该动作是有偏差的，否则不能应用任何修饰概念。

奥斯汀扩展了莱尔的观点。他指出在日常情况下**说**"我自发地买了车""我正自愿地写这本书"，是怪异的。因此，这两位哲学家都得出结论：某些条件是应用某些概念的必要条件。每种情况下，就像上文讨论过的情况，奥斯汀都声称，某种（或某些）概念不能应用于某种事态，因为该事态没有满足一个条件，而他说它是应用该概念的前提。而且，这些哲学家提出这些观点的理由在每种情况下都是类似的。他们注意到，在正常情况下，**说**"我记得自己的名字""我自发地买了车""我正自愿地写这本书"这样的话，是非常奇怪的。他们注意到，只有在某些条件下说这些话才是合适的，所以，他们推论这些条件是应用**记得、自发的、自愿**这样的概念的必要条件，并且认为这些条件是对这些概念的分析的一部分。于是，他们默认，成功地（且正确地）做出断言（如，我记得自己的名字，我正自愿地写这本书）的条件，构成对记得、自愿这些概念的分析的一部分。

这些认定是很多当代哲学分析背后的重要方法论原则。为了证明它们是错误的，我现在要讨论其他一些说起来很奇怪的话。请看句子"他在呼吸""他的左手有5个手指"。现在问一下你自己，在什么条件下才适合**讲说**这些句子？在什么条件下能用这些句子做断言？我想你会同意，在标准或正常情况下，讲说这些句子是非常奇怪的。就像只有在有理由假定他可能忘了自己的名字时才能合适地说"他记得自己的名字"一样，说"他在呼吸"是怪异的，除非有理由假定他可能停止呼吸，至少我们的听众可能假定他可能停止呼吸，或者因为某些理由听众需要被提醒他在呼吸。同样，我们不会**说**"他的左手有5个手指"，除非有不正常的情况，比如，他的右手有6个手指，或者如果我们希望免除对他的怀疑——他是左手只有4个手指的谋杀犯。

[①] *Philosophical Papers* (Oxford, 1961), 137.

但是，这些观点（关于该怎么**说**才合适）同对呼吸或手指等概念的分析有什么关系吗？对此，我们来仔细地讨论一下。我们可以构造很多句子："他记得自己的名字""他知道他很痛""他自发地买了车""他正自愿地写这本书""他在呼吸""他的左手有5个手指"。我们发现只有在一定的条件下把这些句子作为断言讲**说**才是合适的。用奥斯汀的说法，就是只有情况有偏差时，才适合**说**这些话。

那么，对这个事实有什么解释呢？讨论第一批例子的那些作者坚称，解释必须同记得、自发、自愿等概念有关。但是，假定类似的解释也适用于呼吸、手指等概念，这似乎并不合理。所以，我想提出下列更普遍的解释：这是标准、正常的情况。正常情况下，人们记得自己的名字，知道自己是否疼痛，自发地买车，自愿地撰写哲学著作，呼吸，每只手有5个手指。一般来说，断言一个特定标准或正常的情况是标准或正常的，是不合适的，除非有理由假定（或假定某人可能假定等）这可能是不标准或不正常的。因为说它是标准的，就是暗示它是标准的在某种程度上是值得说的；而蕴涵或暗示它是标准的则通常或一般蕴涵或暗示，有理由假定它可能不是标准的，或听众可能假定它可能不是标准的，或至少听众可能需要被提醒它是标准的。如果说话人描写一个情景时不知道有什么理由人们会假定该情景是不标准，或有偏差的，或需要被提醒其标准特性，那么，断言它是标准的，就是有问题的。

因此，这个解释同对特定词语的分析无关，它植根于解释什么是做断言。例如，"我记得自己的名字"这个断言是无意义的，除非语境以某种方式证明了其正当性。但是，它之所以无意义同记得这个概念无关，只同如何做断言这个概念有关。因此，断言谬误的总的特征是，混淆了做无缺陷的断言的条件和应用某些概念的条件。要点不是"无修饰无偏差"，而是"无话语无可话语性"。

这里的争执的本质到底是什么？双方都同意存在某些语料，其形式是"说如此这样的话是怪异的、不可接受的"。但是，在如何解释这种语料上有分歧。我认为，该语料应该根据做断言通常所涉及的方面来解释；我所抨击的观点却认为，该语料应该根据某些概念的适用条件来解释。至此，对我的分析我仅能这样宣称：更简单，更普遍，也可能更合理。但是，现在我想提出对方某些分析的实际反例，以便更彻底地驳倒他们。

有人认为，某些概念的适用条件，即前提，使某些陈述在标准条件下既不真也不假。但是，现在请注意，那些陈述的否定或反面在正常情况下并不是既不真也不假，而就是假。请看："他现在不知道他是否疼痛""他不记得自己的名字""他不再呼吸了""他不是自发地买了车，他是被迫的""他不是正自愿地写这本书，他是被迫的""他的左手不是有5个手指，而是6个"，等等。在标准或正常条件下，这样的陈述没有什么说不通的；它们确实为假，因为正是它们的假，才使该情景在相关方面变得标准、正常。但是，如果它们为假，那么其否定不就为真了吗？

而且，如果我们能在非常简单的例子上脱身，就像言语行为谬误那样，我们将看到这些概念是可以应用的，不需要所提议的那种条件。请看此例："The system of voluntary military recruitment is a total failure in California"（自发募兵制在加利福尼亚全面失败了），"The ability to remember such simple things as one's name and phone number is one of the foundation stones of organized society"（记住自己的名字和电话号码这种简单事情的能力，是有组织的社会的基石之一），"It is more pleasant to do things of one's own free will than to be forced to do them"（自愿地做事要比被迫做事更愉快）。这些句子包含"voluntary""remember""free will"这些词语，它们的讲说却是合适的，不需要特殊的有偏差的条件——哲学家说的应用它们的必要条件。所以，就像言语行为谬误，专注于几个非常简单的直陈句例子导致了错误的分析。

这个观点也可以稍做改动。我所批评的错误的特征是，它混淆了可断言性条件与概念的前提。大多数概念确实具有决定它们在多大的范围内可理解性应用的前提。例如，**可被7除尽**这个概念只能应用于（某些种类的）数学实体。因此，"布尔战争可被 7 除尽"这个断言就是奇怪的、不可理解的。然而，在现在这个正常、无偏差的语境下，"我正自愿地写这本书"这个断言也是怪异的。但是，除了不正常、有偏差情况下，这种断言是怪异的这个事实，不足以证明有偏差、不正常是应用自由做事或出于自由意志做事的概念的前提，就像成为数字实体是应用**可被 7 除尽**这个概念的前提一样。当然，"意图""信念""知道"等词语，像大多数有趣的词语，确实有一个复杂的前提网络；不过，经典语言分析的方法并不总是有能力把它们挑出来，与做无缺陷断言的条件区分开来。

6.4　谬误的根源——意义就是用法

现在我想解释一下这些谬误是如何产生的。我所讨论的这个阶段的语言哲学家没有一般的语言理论来作为他们的特定概念分析的基础。他们用来代替一般理论的是一些口号，其中影响力最大的口号是"意义就是用法"（Meaning Is Use）。这句口号体现的信念是，一个词的意义不能通过在内省领域寻找相关心理实体的方式发现，也不能通过寻找它所代表的实体（不管是抽象的还是具体的，心理的还是物理的，特定的还是一般的）来发现，而只能通过仔细检查这个词实际是如何在语言里应用的来发现。作为逃离传统柏拉图主义或经验主义或《逻辑哲学论》之类的意义理论的出路，"意义就是用法"这个口号是大有裨益的。但是，作为分析工具本身，用法这个观念是如此模糊，以致部分地导向了我正在揭示的混淆。我认为，这是其模糊如何生成（或帮助生成）这些混淆的过程。

哲学家想分析一个特定的概念，比如知识、记忆。根据这个口号，他就去检查动词"知道""记得"的用法。为此，他找到一些句子，几乎都是简单现在时直陈句。他问自己他会在什么条件下讲说这些句子，他讲说它们的时候是在实施什么言语行为，这样一些问题。但是，因为他缺乏一般的意义理论，或句法理论或言语行为理论，当他得到这些问题的答案

147 时，他怎么解读呢？在**断言谬误**案例里，某些实施断言言语行为的一般条件被错误地归属于特定的词语，因为这些结果是在调查它们的用法时发现的。这个口号没有为哲学家提供方法，以区分词语用法和包含它们的句子的用法。因此，这个口号进一步导致了错误的信念——因为在某些条件下我们不能说如此这样，在这些条件下它就**不可能是**如此这样**这种情况**。应用"意义就是用法"这个口号，哲学家问自己，"在什么条件下我们会**说**我们**记得**如此这样，或在什么条件下一个行为会自发地产生？"但是，他怎么知道对这些问题的答复多大程度上不取决于**言说**，而取决于记得、自发这样的概念？

　　言语行为谬误的根源非常相似。语言哲学家认为，"'好的''知道'表示什么意思？"这个问题和"'好的''知道'是怎么用的？"一样，并把讨论限于几个包含这些词语的简单句子。然后，他发现在讲说这些句子时，我们实施了某些言语行为。"意义就是用法"这个口号没有为哲学家提供方法，以区分完全取决于他正在分析的词语的话语特征与取决于句子的其他特征，或完全无关的其他外在因素的特征；所以，他错误地得出结论——"好的"这个词本身就是用来实施称赞这个言语行为的。在检查"好的"这个词的所谓**用法**，并得出上述结论后，他又得出结论——他已经分析了"好的"这个词的意义，因为根据该口号，用法和意义是一样的。这种转换似乎是这样发生的。哲学家想问：

　　1. W 这个词表示什么意思？

既然意义就是用法，他认为这个问题跟下列问题是一样的。

　　2. W 是怎么用的？

而 2 被默认为表示这个意思：

3. W 是如何用在"X 是 W"这种形式的简单现在时决然直陈句的?

它又被认为跟 4 是一样的。

4. 这些包含 W 的句子是怎么用的?

而 4 的意义被认为或者是:

5. 在讲说这些句子时实施了什么行事行为?

或者是:

6. 什么是讲说这些句子实施无缺陷断言的条件?即,什么时候我们会实际言说"X 是 W"这种形式的话语?

"对问题 5 的答复一定答复了问题 1"这个认定,导致了言语行为谬误;"对问题 6 的答复一定答复了问题 1"这个认定,则导致了断言谬误。这两种谬误都源于 1 跟 2 表示同样的意思这个认定。

　　自然主义谬误之谬误的根源要复杂一些,但是,就连它(按照一些更近时的版本)也是部分地源于"意义就是用法"这个口号。某些直陈句不是用来描写事态,而是用来评价、评估、分类、判断、排名次等这个事实,给经典阶段的语言哲学家留下了深刻的印象。当他们看到,在讲说这些句子时的行事语力这个涵义上的**用法**,不同于讲说某些描写性句子时的行事语力或用法,他们就得出结论——其意义一定是这样的:描写性陈述不可能衍推评价性陈述。但是,这个结论不成立;从讲说一个句子的要点或行事语力是'评价性的'这个事实,不能推出所表达的命题不能被另一个命题(它是由讲说的行事语力或要点是'描写性的'句子所表达的)衍推。一个命题的真值条件可能足以构成另一个的真值条件,尽管讲说一个句子的要点可能不同于另一个句子。命题的真值条件跟讲说一个句子的要点或语力被混淆了，因为"用法"这个词太模糊了，它既包括了所表达命题的真值条件，也包括了讲说相应句子时的要点或语力。

作为一种分析工具，意义的用法理论只能为我们提供某些语料，即用于哲学分析的原始材料；例如，在讲说"X是好的"这种形式的句子时，人们一般是在赞扬某物；"我记得自己的名字"这个句子只在某些条件下讲说，不在其他条件下讲说。如何系统地分析、解释或说明这类语料，将取决于我们用什么其他关于语言的观点、理论来处理它们，因为用法理论本身并不为我们提供从事这种分析的工具，并且可能实际上（如我设法证明的）造成了混淆。

6.5 不同的解释

现在我们看一下言语行为理论能在多大程度上解决这些问题。该理论应该有能力为经典语言分析者的语言描述提供语言解释，并且这些解释不会遭遇我们针对经典分析者的解释提出的反对意见。

断言谬误是最容易的，所以我先讨论它。我们在分析行事行为时提到，许多行为的准备条件中都有一条，它为整个言语情景提供行为的要点和目的。在承载信息类行事行为（报告、描写、断言等）中，这个条件采用的形式是，对于 S 和 H 两者，它一定不能太明显是 p 这种情况，如果断言 p 要想无缺陷的话。而且，既然在实施行事行为时，S 总是蕴涵准备条件得到了满足，那么在实施承载信息类行为时，S 就蕴涵没有明显性。

现在我们需要解释的语料包含在这样的描述中：说"我**记得**自己的名字""我**自发地**买了车""我正**自愿地**写这本书"这样的话是怪异的，除非该情景在某些方面是有偏差的；同时，当有人说"我记得自己的名字"等话时，他就蕴涵该情景是怪异的或有偏差的。

解释这种语料的理论如下。既然这一般是明显的——人们记得自己的名字，自发地买车，自愿地写书，等等，这种断言在给定的情况下是有缺陷的，除非该语境有什么怪异之处，使这些事情的明显性成了问题。同样，对这些命题的断言将蕴涵，该命题没有被认为分明是真的，因此，它蕴涵该情景有些怪异，因为只有在奇特的情景中它们才不会被认为分明是真的。

我必须再次强调，我这些论述不是企图对这些概念的适用条件提供总体说明。我不是说，"voluntary""free will"等没有前提条件，任何行动都可以被明白地看作自发的。相反，我认为修饰行动的概念有一个非常复杂的前提网络。而且，这些概念中有些我觉得是排除项。[①] 特别是"voluntary"，它似乎是个排除项。其意义跟"under duress"（在压力下）、"forced"（被迫）、"compelled"（被胁迫）等对立。更复杂的是，这些修饰语有的被内置于行为动词的意义中。例如，"He volunteered voluntarily"（他自愿做志愿者）（充其量）是赘述，"He volunteered involuntarily"（他不自愿地做了志愿者）则是自相矛盾的（此例由吉尔伯特·莱尔（Gilbert Ryle）提供）。总之，对话语中这些词语的用法的说明，即使只限于简单断言句，都必须不仅包括（a）断言条件，而且包括（b）前提条件，（c）排除项成分，（d）这些观念是某些动词定义的一部分这个事实，可能还有其他的特性。此刻，我只想指出，奥斯汀的总体说法"无修饰无偏差"是错的，其他形式的断言谬误（如莱尔的）是错的，他们的语料可以在一般言语行为理论里得到更好的说明。

我们要解释的，导致了言语行为谬误的语料有这些：把某物称作"好的"是典型的赞扬、称赞、推荐、对它表示赞成。而且，这似乎不只是偶然事实，"好的"这个词本身有时候就被称为赞扬词证明了这一点。同样，说一个陈述为真，是典型的为它背书，表示认可、承认等。怎么会是

---

① 对这个观念的更全面的论述，参阅 Roland Hall, 'Excluders', *Analysis*, vol. 20 (1959); 重印见 Charles E. Caton (ed.) *Philosophy and Ordinary Language* (Urbana, 1963)。

这样？——在这些情况下，把某物称为 W 事实上实施了言语行为 A；然而，说 W 是用来实施行为 A 的，却没有解释 W 的意义？用"好的"作为例子，把这个问题稍做修改，一种语言理论（如我正在宣扬的这种）怎么可能解释了"好的"这个词如何对直陈句的意义做出贡献（即，把某物称为好的，作为一种概念真理，典型的是在赞扬它），却不会落入言语行为谬误？对"真的""知道"等，也可以提出同样的问题。

要回答这个关于"好的"之问题，我想先区分两类行事动词：在 X 组，我列入了"分级""评估""判断""分类""排名次""估价"这样的动词；在 Y 组，我列入了"称赞""赞扬""赞美""颂扬""表示赞成""表示满意""推荐"这样的动词。这两类动词有时被混为一谈，但我认为它们是明显不同的。我可以对某物进行有利或不利的评价，但我不能对它进行不利的颂扬。我可以把某物分到优级或差级，但我不能称赞它很差。因此，Y 组的成员跟 X 组的成员之间的关系，有点像确定的与可确定的之间的关系。赞扬某物通常是或甚至可能是典型的对它的评估。但是，这不是任意类型的评估，它必须是有利的评估。并不是所有的评估都是有利的。

然而，为了实施可确定的这组的行为，如评估、分级等，可以采用一些等级，以被确定对象为准。例如，为学生分级时，我们使用"A""B""C""D""F"这些等级。最常用的分级标签，如厄姆森所说，是"好的"。其他常用分级标签是"优""差""良""较差""一般"。提供评估一般（首先）要指定一个分级标签；反之亦然，指定一个分级标签一般就是提供评估、评价等。指定的等级表明了所做的评估，有利或不利，高或低，等等。

把某物称为"好的"就是对它的称赞等，这之所以不是偶然事实，是因为：把它称为"好的"就是在评估或评价系统中为它指定了一个级别，但为它在这种系统中指定一个级别不只是评估或评价它，这是为它提供了一种特定的评价。就"好的"而言，这是为它提供了（相当）高的或有利的评价。但是，提供一个高评价是典型的（如我已经指出的）称赞或赞扬等，该情景中所说的话确定了它到底属于哪个等级。

所以，把某物称为"好的"就是称赞它这个准必然真理，并不告诉我们"好的"之意义，只是告诉我们这个词在 X 组体系里的位置，以及这些位置跟 Y 组言语行为的关系。因此，"好的"之意义跟实施称赞这个言语行为之间的联系，或类似的联系，虽然是必然的，却是更远一步的联系。

那么，"好的"究竟是什么意思呢？一个完整的答复超出了这场讨论的范围。如维特根斯坦指出的，"好的"就像"游戏"，有一个意义家族。其中最突出的是："满足了评估或评价的标准或规范"。该家族的其他成员包括："满足某些兴趣""满足某些需要""实现某些目的"。（这些不是没有关联的；我们之所以有现有的评估标准取决于我们的需要和兴趣。）

言语行为分析正确地提到，**说**某物满足了评价或评估的标准或规范，就是提供某种评价或评估，即称赞。但是，认为"好的"之意义因此可以解释成"称赞"却是不正确的。它使我们看不到我一直在强调的一点——"好的"有同样的意义，不管我是在怀疑某物是否好，还是询问它是否好，或者说它是好的。基于这个理由，"什么叫好东西？"和"什么是'好的'之意义？"是两个不同的问题。

在我看来，如果我们讨论一下那些与"好的"有相当类似的用法，并且包含相关的行事行为概念作为词素逻辑成分的词语，上述结论就会得到进一步证实。我指的是"praiseworthy"（值得赞扬的）、"laudable"（可颂扬的）、"commendable"（可称赞的）这样的词语。把某物称为值得赞扬的，是典型的在赞扬它。但是，在这个基础上说"值得赞扬的"是用来赞扬的，并没有为我们提供"值得赞扬的"这个词的意义或解释。它只告诉我们，断言某物是值得赞扬的，是实施某种行事行为。但是，这是"值得赞扬的"意思就是它所做的（即"有资格得到赞扬"）这个事实的**后果**，不是对其意义的解释。"值得赞扬的"与赞扬这个言语行为之间的联系，一点都不像动词"赞扬"与赞扬这个言语行为之间的联系。我认为,"好的"像"值得赞扬的",而不像"赞扬"。

现在我们讨论一下如何根据上述线索处理"真(的)"这个词。问题是:为什么会出现这样的情况——正如言语行为分析所指出的那样——称某物为真,在某种程度上是典型地为它背书、认可它、确认它、承认它等,然而这些说法并没有解决、消除斯特劳森所谓的"真理的哲学问题"?我觉得答案可能是这样的。如斯特劳森所说,只有在有人已经做出了评述、议论、断言、陈述、假定之类,或至少有人正以某种方式准备这样做,总之,只有当有人已经在酝酿命题时,我们才会典型地称某物为真。如果你的房子着火了,我不会跑到你面前说"真的,你的房子着火了",而只会简单说,"你的房子着火了"。只有当有人已经准备提出你的房子着火了这个命题,在我说话前这个问题已经被提出来了,我才会用前面这句话。如果是这样,那么,我用到"真的"这个词的那句话不仅表明你的房子着火了,而且这个问题已经被提出来了;而我**确认**(不是否认)这个命题为真,表明我同意、认可其他说话人的言语行为(他首次提出这个问题的言语行为),为他背书。这就是说,因为我们一般只会在一个命题已经在准备中时才用"真(的)"这个词,还因为命题一般是在实施断言、陈述、假定这样的行事行为时被置于讨论——因为这两个事实,称某物为真,就会使我们跟第一个行事行为处于某种关系中(如:同意、背书这样的关系;同样,说"不是真的"时,就处于不同意关系)。所有这一切告诉我们,当我们讲说"真的,你的房子着火了"这个句子时,我们可能(首先)实施了什么样的言语行为。但是,基于已经陈述过的理由,它仍然没有告诉我们,真理这个哲学问题的解决方案是什么。这两个例子应该足以表明,在避免分析错误的同时,有可能解释构成言语行为谬误基础的语料,同时避免那种分析的错误。

自然主义谬误之谬误还有一个遗留问题,现在我来讨论它。描写性陈述可以衍推评价性陈述,而其行事语力却是不一样的,怎么可能是这种情况？这难道不是对基本原则——演绎论证的结论不能大于前提——的违背吗？要解释这个问题，我们必须引入意义（在"意义"的一个涵义上）和用法（在"用法"的一个涵义上）的区别。让我们用苹果这个例子来说明。"特优级"作为苹果分级的专门术语，其定义是由农业和渔业部的定义表提供的。[①] 采用我们的缩略语，"一种特定的苹果是特优级"的意思是"一种特定的苹果具有特性 A、B、C"。当然，"特优级"这个名称的用法可能跟'描写性'表达式"A、B、C"的用法是非常不同的，就是因为引入了"特优级"这个名称，分苹果的人在分苹果时有了一个特别的名称可用。哲学家有时候似乎认为，通过规定性定义引入一个新名称的唯一目的是增加一个缩略语，但是，这明显是错误的；缩略语只是规定性定义的很多动机中的一个。"特优级"的意思是"A、B、C"，但这只是一个缩略语。所以，此刻的意义跟用法之间的区分一方面涉及真值条件，另一方面涉及目的或功能。陈述"这个苹果是 A、B、C"衍推陈述"这个苹果是特优级"；讲说用来做第二个陈述的句子时其典型行事语力是分级，讲说用来做第一个陈述的句子时其典型行事语力是描写，其原因只是衍推是意义问题，而第二个句子的行事语力是该句子所包含的特殊词语的用法问题。行事语力在原则上永远可以变成意义问题，但在这个句子中它不是。

有人可能认为，这是个狡猾的例子，因为它用了一个特殊的或专门的术语，但是，其他例子也可以说明同样的观点。讲说句子 S 时所做的陈述 P 可以衍推讲说句子 T 时所做的陈述 Q，即使讲说 S 时典型地具有一种行事语力，而讲说 T 时具有另一种行事语力。假设一个人详细地陈述了他评判小汽车的标准，然后他详细地描述了他的车。假设他的标准和描述合起来足以衍推他的车满足了该标准，即根据说话人的陈述，它们足以衍推这是一辆好车。然而，这个人在给出标准和描写时，并没有**说**这是一辆好车；如果不对这个人的意图做进一步的假设，也不能说，他在提供标准和

---

① J. O. Urmson，前引同书第 166 页。

描写时甚至称赞了这辆车。这个人确实**坚信**这是一辆好车,因为他的话衍推,根据他的标准这是一辆好车;但是,这种坚信与实际断言这是一辆好车,完全不是一回事。

区分意义(在包含真值条件的涵义上)和用法的最好的例子可能是英语的淫秽词语。淫秽词语跟其所对应的医学用语是同义词,它们有相同的意义。事实上,使用对应的医学用语的目的,或目的之一,就是为了有一个文雅的同义词。所以,人们很愿意用医学委婉语断言命题,而不愿意用淫秽词语断言同样的命题,同时衍推同样的命题。以英语淫秽词语 O 及其文雅的医学对应词 C 为例。"如果 Cx,则 Ox"这个命题是分析性的,如果我们准备使用淫秽表达式的话。"Cx"这个命题衍推"Ox"这个命题,但是,断言使用"Cx"的命题和断言使用"Ox"的命题是非常不同的。因为在公共场合断言"Ox",你可能被送进监狱。①

例如,一个变得有点像淫秽词的是"nigger"(黑鬼)。这是"Negro"(黑种人)的粗鲁(不客气、令人讨厌)的表达方式。有时候人们说"nigger"既有描写意义,又有评价意义,但这分明是胡说。如果这是真的,那么,讲说"He is not a nigger"这个句子就应该没有什么不合适的,因为它只是否定了"nigger"的反面评价语力而已,就像"He is not a scoundrel"(他不是无赖)。但是,讲说"He is not a nigger"就像讲说"He is a nigger",一样不合适;对黑种人来说,讲说那个词本身就是表示敌意、蔑视等等,因此,这是禁忌。

我们并没有穷尽**自然主义谬误之谬误**这个话题,我们将在第八章再谈一些非常不同的涉及机制事实的案例。

---

① 1965 年加利福尼亚州伯克利最高法院未经发表的法院审讯案例 *People v. Goldberg et al.*。

第七章
指称的问题

现在,我想讨论一下第四章提出的指称理论如何应用于语言哲学的两个传统问题:罗素的**有定摹状词理论**(theory of definite descriptions)和专名的意义。

7.1 摹状词理论

罗素的著名有定摹状词理论有很多不同的侧面,而且在他的写作生涯中经历了不同的发展阶段。我只想讨论罗素理论的一个成分。罗素说,"the f is g"(其中"the f"是"第一次"出现)这个形式的句子都能被确切转写(或分析)成下列形式的句子:

$$(\exists x)(fx \cdot (y)(fy \rightarrow y=x) \cdot gx)$$

此后,我提及摹状词理论时,指的是这个论断。①

怎么识解该理论?最简单的是,我们可以将摹状词理论解读为把某些表达式转写为谓词演算的提议,其唯一长处是技术简便。我们可以将普通话语中的摹状词和罗素转写的关系,类比成普通话语中的"if"和真值

---

① 我将忽略内涵语境下的摹状词。

第二部分　理论的应用

涵项演算中的实质蕴涵符号之间的关系。在这两种情况下，后者都不被看作对前者的分析，而只是一种类同，它包含一些性质，牺牲了另一些性质。对于这样识解的摹状词理论，我没有意见。没有提出主张，就不需要反驳。

另一方面，我们可以将摹状词理论按原来的意图解读，即看作对实际语言的分析。弗雷格关于涵义和指称的理论最初是为了分析语言，描写指称表达式是如何运作的；从历史事实看，罗素将他的理论看作弗雷格理论的替代者、竞争者。弗雷格询问，指称表达式跟其指称对象是什么关系？他的答案是，指称表达式的涵义为指称对象提供了"呈现方式"。指称是依靠涵义的。罗素拒绝了这个问题。对他来说，摹状词跟它们的指称对象没有关系，而包含这种表达式的句子是断言存在对象的句子的伪装形式。① 现在，我将在这个基础上讨论摹状词理论的主张。

摹状词理论遭到了一些作者，特别是斯特劳森②、吉奇（Geach）③ 的猛烈的有理据的攻击。那么，我为什么认为这个问题值得再讨论？我难道不是多此一举吗？这个问题值得再讨论，是因为文献中的争议太集中于那些导致罗素原先提出理论时的设定，这导致对断言如何被否定和证伪的集中讨论，**忽略了所有其他的行事行为**。对断言的这种专注使攻击者只能使用手头最无效的武器，而守卫者在胜了几场小战役以后误以为自己完胜了。事实上，一些参与者错误地认为，整场争论可以通过解决一个问题而了结：难道我们不是更自然地认为"法国国王是秃头"这样缺乏指称对象的断言为假，还是我们不情愿说它为真或为假？如果我们认为它为假，如有人声称的，摹状词理论就是正确的；如果不，摹状词理论就是错误的。这场争论真的是关于这一点的幻觉，致使人们热心搜索诡异的例子，忘掉了认真检查摹状词理论怎么违背了关于言语行为的连贯的一般理论。

---

① 他同时认为，弗雷格的理论缺乏内部连贯性。参阅 J. Searle, 'Russell's objections to Frege's theory of sense and reference', *Analysis* (1958).

② 'On referring', *Mind* (1950).

③ 'Russell's Theory of Descriptions', *Analysis* (1950).

我们是否认为"法国国王是秃头"这个断言是假的、无意义的，或其他的什么，并不特别重要，只要我们清楚它**为什么**是错误的。我们可能不情愿在日常话语中只说它是假的这个事实，只是一个征象，说明该理论（如摹状词理论）缺少点什么，只能强迫我们把这样的句子当作直截了当的假陈述。使单数主谓命题构成的断言出问题的**一个方法**是，使相对于主语表达式指称的对象，谓语表达式为假。**完全不同的一种方法**是，主语表达式指称的对象不存在，谓语表达式不能为真或为假。如果愿意，我们可以把这两者都看成为假的案例，只是一种否定是"外在的"，另一种是"内在的"。但是，这样做虽然不错，却容易掩盖它们之间的深刻分歧。把我的观点用最强烈的词语表达：即使我们发现，跟斯特劳森**相反**，大多数英语说话人会把上述断言看作假的，这**丝毫**不会影响对摹状词理论的批评。

我们评估该理论的方法，是用第一至第五章概述的一般言语行为理论来检查它。经过这样的检查，我们发现对其的根本反对只是：它呈现的有定指称命题行为（用有定描述语实施的，或根据罗素的说法，甚至用专名实施的）等价于断言唯一存在命题的行事行为，然而却没有连贯的方式能把这样的理论融入行事行为理论。命题行为在任何条件下都不会等同于断言行事行为，因为命题行为只能作为行事行为的一部分出现，从来都不能只依靠本身出现。另一方面，做断言是实施一个完整的行事行为。我们将会看到，一旦我们讨论出现在断言以外的行事行为中的命题行为，像罗素那样把命题行为同化到断言的企图就会崩溃。

指称怎么会被呈现成等价于一种断言的？"The f is g"这种形式的陈述来自罗素的下列转写：

$$(\exists x)(fx \cdot (y)(fy \to y=x) \cdot gx)$$

除了述谓，在原初的陈述中我们只有一个指称表达式，它不是句子，不足以实施行事行为。但是，该转写除了包含实施断言行为的原初述谓表达式这一部分，还包含了足够的内容：它必须是这样，以便满足罗素的愿望——把断言缺乏指称的命题的人，说成断言虚假命题的人。因为讲说一个句子时必须做出完整的断言，即使没有对象能使原初的述谓为真或为假。

然而，有人可能会说这个意见反对的不是罗素：指称可能是一种断言，我们假定它不是，这是在回避问题。应对这个论点的方法是，首先要指出这种论证的弱点在于，它可能导致我们接受罗素的分析；其次，是要指出这种接受的不幸后果，如果我们试图将其普遍化的话。

当悖论被消除以后，摹状词理论的整个可信度来自这个事实——任何成功实施的指称的先决条件是存在所指称的对象（存在公理）。所以，如果存在该对象的命题不为真，包含该指称对象的命题就不可能为真。但是，作为一个普遍适用的观点，它从来不是简单地从这个事实推出来的——一种行为只能在某些条件下实施，实施这种行为本身就是断言这些条件成立。没有人会假定我打 X 这个行为断言了 X 的存在，尽管 X 的存在同样是成功击打 X 的重要条件，就像成功指称 X 一样。一旦我们看到，看起来支持摹状词理论的论证（即，人们不能正确地断言"The f is g"这种形式的陈述，除非存在一个被"the f"指称的对象）事实上根本不支持它，那么，剩下的就是，指出把这种分析普遍化到各种行事行为的后果。

我们看到，指称可以是很多行事行为的共同成分，不仅涉及断言，疑问、命令、承诺等都涉及。一个前后连贯的摹状词理论，当然会导致对所有这些行为中的同样指称表达式采用同样的分析。但是，我们真的准备说，询问"法国国王是秃头吗？"，或命令"把这个拿给法国国王"的人，因为不存在法国国王而事实上做了虚假的**断言**？另一方面，我们会不会同样荒唐地说，询问"法国国王是秃头吗？"的人事实上也在问，法国是不是有国王？我试图证明的是，一旦我们试图把该理论**普遍地**应用于各种言语行为，其弱点就变得明显了，而专注于**断言**或陈述就掩盖了这种明显性。

我们更仔细地审视一下把罗素式分析应用于各种行事行为的情况吧。一旦我们试图根据该理论分析疑问、命令等，我们就面临一个两难场面：要么我们必须把每个涉及有定表达式的行事行为实际上解读为两个言语行为（一个存在命题断言，**加上**关于断言存在的对象的疑问或命令），要么我们必须把原初句子用来实施的言语行为识解为覆盖整个转写，包括存在句。例如，要么我们必须把"法国国王是秃头吗？"识解为"存在一个（且只有一个）法国国王。他是秃头吗？"要么识解为"是不是存在一个（且只有一个）法国国王，而且他是秃头？"用符号表示的话，设"⊢"为断言的行事语力指示器，"？"为疑问的行事语力指示器，方括号表示行事语力指示器的辖域，我们的两种选择如下：

1. ⊢ $[(\exists x)(fx \cdot (y)(fy \to y = x)] \cdot ?[gx)]$[①] 与
2. ？ $[(\exists x)(fx \cdot (y)(fy \to y = x) \cdot gx)]$

这两种解读都很荒唐。考虑一下第二种选项的普遍应用吧。我们能够可信地假定每一个使用有定描述语的提问者都质疑有定描述语的指称对象的存在吗？但是，疑问还不是最大的受害者，命令也会变得不可识解。没有人可能假定"把这个拿给法国国王"是在命令法国国王的存在。而且，一些完全说得通的话语会变成自相矛盾，如"假设《韦弗利》的作者从来没有写《韦弗利》"。在日常话语中，这句话可以被用来表达一个有意义的假设。但是，根据这种解读，它必须被转写为"假设是这种情况，有一个人（且只有一个人）写了《韦弗利》，而他没有写《韦弗利》"，这不是一个有意义的假设，而是自相矛盾。所以，这种解读不可能行得通，我们必须尝试其他的解读。

　　把每个用有定描述语进行指称的行事行为都识解为，断言一个存在命

---

　　① 第一种选项认定，量词有时候可以跨越行事语力指示器。这似乎是一个合理的认定，因为自然语言的代词就是这样：如，"来了一个人。你认识他吗？"

题，**加上**关于所断言存在的对象的其他言语行为。但是，这同样有荒唐的后果。我们会认为这是荒唐的——听到"把这个拿给英国女王"时回答"你说的是真的，她确实存在"。这种答复是荒唐的，因为该命令不是断言，也不包含断言。同样，这也是荒唐的——假设询问"英国女王认识法国国王吗？"的人做了两个断言，一个为真，一个为假。当然，我们会告诉提出这种问题的人，他的话作为一个问题是有缺陷的，它不可能有答案。但是，这跟指责他做虚假断言，是一件完全不同的事，因为他根本没有做任何断言。他提出了（或意在提出）一个问题。指称的整个机制不同于断言、疑问、命令等机制。指称跟其他行为不在一个层次，它是成功行事行为的一部分，但本身并不是行事行为。因此，试图把涉及有定描述语的每一个行事行为都解读为包含断言，是荒唐的。

这是把摹状词理论应用于各种行事行为的唯一的两种可信的方法。它们都行不通。因此，该理论应该被抛弃。

7.2 专名

乍一看，语言哲学中似乎没有什么比专名更容易理解的：这是名称，那是对象。名称代表对象。

虽然这种说明分明是真的，但它什么也没解释。"代表"是什么意思？这种关系一开始是如何建立的？专名的"代表"方式跟有定描述语的"代表"一样吗？我在这一节想讨论的这些和其他问题可以用这个问题概括："专名有涵义吗？"这个问题询问的首先是，有定描述语挑选其对象的方法跟专名挑选其对象的方法有什么相同之处，如果有的话。专名真的是描述语的简写吗？我们将看到这个问题有两种对立的答案，源自不同的方法：一方面是几乎专名特有的实施指称言语行为的方法，另一方面是第四章讨论过的实施这种言语行为的方法与前提条件，特别是辨认原则所表达的条件。

第一种答案大意如下：专名没有涵义，它们是无意义的符号；它们有外延，但没有内涵（米尔）。① 这种观点的论据是，有定描述语指称一个对象只是因为它描述了该对象的某些**方面**，专名则根本不**描述**该对象。知道一个有定描述语适合一个对象就是知道该对象的一个事实，而知道其名称并不等于知道关于该对象的任何事实。专名和有定描述语之间的这种差别进一步被下列事实证实——我们常常可以简单地把定冠词替换为不定冠词，从而把有定描述语（指称表达式）转换成日常述谓表达式，如把"the man"换成"a man"。专名却一般不能这样转换。当我们真把不定冠词置于专名之前时，它只是表达该名字享有者著名特性的速记形式（如，"He is a Napoleon"（他是一个拿破仑）表示"He is like Napoleon in many aspects"（他在很多方面像拿破仑）的意思）；或者它是该名字的正式表达式的速记（如，"He is a Robert"（他是一个罗伯特）就是"He is named Robert"（他的名字叫罗伯特）的意思）。总之，我们用专名指称人，而不是描写；专名什么也不述说，因此没有涵义。

我们坚信的常识使我们认为这个答案一定是对的，但是，尽管它有巨大的可信度，我们将看到它不可能是对的，至少不是其现在的状态，因为有太多的事实跟它冲突。首先，让我们看一下不加批判地接受这样的观点可能把我们带进去的形而上学陷阱。我们倾向于认为，专名不像描述语，跟对象的任何**方面**有联系，它联结于对象本身。描述语代表对象的某些方面或性质，专名代表实际事物。这是通往实质之路的第一步，因为它联系于所谓的对象和对象的性质或方面之间的基本形而上学区分，而且它从专名和有定描述语之间的所谓差别派生出这个区分。《逻辑哲学论》里就有这种混乱："名称的意义是对象。对象就是其意义"（3.203）。② 但是，请

---

① J. S. Mill, *A System of Logic* (London and Colchester, 1949), 第一册第二章第五段。
② 米尔说，专名没有意义，这可能显得跟维特根斯坦的观点（对象是其意义）不一致。但是，两者并不是不一致。（是因为"mean"和"bedeuten"的歧义。）两人都说，专名有指称对象，但没有涵义。

注意这立即导致哪些有趣的悖论：看起来，词语的意义不依赖世界上的任何偶然事实，因为我们仍然可以描述世界，即使事实改变了。然而，日常对象（人、城市等）的存在是偶然的，因此，其名称的意义的存在是偶然的。所以，它们的名称根本不是真正的名称！一定存在一类对象，其存在不是偶然事实，而它们的名称就是真正的名称。这是什么意思呢？在此，我们看到了所有形而上学的原罪——企图把真的或所谓的语言特性读入世界。

对这个论断（对象与特性之间有基本的形而上学区分）的通常反对意见是，对象只是特性的集合。[1] 第一个论断来自指称跟述谓之间的区别，第二个论断来自这个重言式——关于一个对象可以说的一切都可以在描述该对象时说。但是，这两个论断都同样说不通。假定一个对象是无特性的本身和其特性的集合，是说不通的；假定一个对象是一堆特性或特性的集合，也是说不通的。而且，这两种观点有一个共同的来源——从语言论断推出本体结论这个形而上学的错误。

对专名没有涵义这种观点有三条反对意见：

1. 我们在存在命题中使用专名，如"有个地方叫非洲""Cerberus（刻耳柏洛斯）不存在"。这些专名不能说起指称作用，因为没有一个存在陈述的主语可以指称。如果它起指称作用，那么，若是肯定句，它具有真值这个前提条件就会保证其为真，若是否定句，就会保证其为假。（这等于说，"存在"不是述谓。）每一个存在陈述都申明，某个述谓得到了例示。（如弗雷格所述，存在是第二阶概念。）[2] 存在陈述不指称对象，不申明它存在，而是表达一个概念，并申明该概念被例示了。因此，如果专名出现在存在陈述里，它一定具有概念或描写内容。罗素[3]那种避开这一点的尝

---

[1] 例如 Russell, *An Inquiry into Meaning and Truth* (London, 1940), p. 97。

[2] *Grundgesetze der Arithmetik* (Jena, 1893), vol. 1, section 21.

[3] 'The Philosophy of Logical Atomism', R. Marsh (ed.), *Logic and Knowledge* (London, 1956), p. 200 ff.

试,采用的说法是,这样的表达式不是**真的**专名,这种不顾一切的做法说明,驱使人们走上此道的设定一定有什么错误之处。

2. 包含专名的句子可以被用来做同一性陈述,它们传递事实信息,而不仅仅是语言信息。例如,"埃佛勒斯峰是珠穆朗玛峰"这个句子可以被用来做断言,它有地理意义,而不仅仅有词汇意义。如果专名真的没有涵义,那么这个断言就不可能传递比"埃佛勒斯峰是埃佛勒斯峰"这个句子所做的断言更多的信息。因此,专名似乎一定具有描写内容,一定有涵义。这实质上就是弗雷格的论点——专名有涵义。[1]

3. 辨认原则要求,讲说专名时必须传递描述,就像讲说有定描述语必须传递描述,如果指称要得到落实的话。从这一点似乎可以推出,专名是一种速记式的描述。

这三条反对意见都指向同一个结论,即专名是有定描述语的速记。

但是,这个结论似乎不可能是对的,因为除了其怪诞的不可信性,它还跟太多的明显真理相违背。首先,如果专名是速记式的描述,那么就应该有作为专名的等价定义的描述语可用;但一般来说,专名是没有定义的。在所谓的专名词典里,人们能找到对名称对象的描述语,但是大多数情况下这些描述语不是那些名称的等价定义,因为它们对于名称对象的描述只是偶然为真。

我们不仅没有等价定义,而且还不清楚如何让它们在所有情况下都替代专名。如果我们设法把对象的完整描述作为名称的涵义,就会发生奇怪的后果,如,任何用名称做主语的关于对象的真陈述都是分析性的,假的则是自相矛盾的;每次对象有点变化,名称的意义(而且可能是对象的身份)就可能改变;对不同的人,名称可能有不同的意义,等等。所以,专名是描述这种观点似乎也不可能为真。

---

[1] 然而由于典型的执拗,他没有看到关于等同陈述的这种论点解释了专名在存在陈述中的用法。他认为在存在陈述中使用专名是说不通的。'Über die Grundlagen der Geometrie II', *Jahresbericht der Deutschen Mathematiker-Vereinigung* (1903), p. 373.

此刻，我们有一个优美的哲学问题的例子：一方面常识驱使我们接受这个结论——专名不是一种描述，它是独特的；不过，与此相对，一系列理论思考驱使我们接受这个结论——它一定是有定描述语的速记。但是，又与此相对的是我们可以提出严肃的论证。现在我要论证这种二律背反可能的出路。

我们大概可以重新措辞原来的问题，把"专名有涵义吗？"改成"专名的指称用法衍推描述性谓语吗？"或干脆"主语是专名、谓语是描述性表达式的命题是分析性的吗？"① 但是，这个问题有一个弱形式和一个强形式：（a）弱形式是"这样的陈述真的都是分析性的吗？"（b）强形式是"主语是专名、谓语是辨认性描述的陈述是分析性的吗？"

先讨论第一个问题。专名的典型特征是，在**不同**的场合它被用来指称**相同**的对象。该对象在历史不同时期使用相同名称，这预设该对象是相同的；指称同一性的必要条件是所指称的对象是同一的。但是，预设该对象是相同的转而预设同一性标准的存在，即它预设说话人有能力回答这个问题——"为什么用名称 N 指称的在时间 $t.1$ 的对象等同于用相同名称指称的在时间 $t.2$ 的对象？"或更简单的"在时间 $t.1$ 的对象和时间 $t.2$ 的对象是相同的**什么**？"用"什么"表明的空缺将被描述性概括词填充：如，相同的山，相同的人，相同的河；各种情况下的概括词都提供一个暂时的同一性标准。这样，我们对较弱的问题就有了肯定的答案。有些概括词分析性地联结于专名：埃佛勒斯峰是山，密西西比河是河，戴高乐是人。不是山的东西不能是埃佛勒斯峰，要保证指称的连续性，我们需要一个同一性标准，与名称相连的概括词提供了这个标准。即使对于那些想断言戴高乐

---

① 当然，在"分析性"的一个涵义上，这样的主谓命题没有一个是分析性的，因为一般来说，主语表达式具有指称对象只是一个偶然事实，因此命题具有真值也是偶然事实。要反驳这个意见，我们可以重新定义"分析性"为："p 是分析性的 = df. 如果 p 具有真值，它根据定义为真"，或者我们可以重新措辞原来的问题为"'如果任何东西是 S，它就是 P'这种形式的任何命题（其中'S'由专名替换，'P'由描述性谓语替换）都是分析性的吗？"

变成了树，变成了马，但仍然是戴高乐的人，也必须有同一性标准。戴高乐不可能变成任何东西（如素数）而仍然是戴高乐。这种说法表明，有的名称（或有些名称）是分析性地联结于戴高乐这个名称的。

有人可能反对说，一个诱人的说法是，如果我们继续把一个对象叫作"埃佛勒斯峰"，被叫成"埃佛勒斯峰"这个特性就足以保证它是同样的。但是，上述分析的要点是：叫它"埃佛勒斯峰"只能是正当的，如果我们可以提供理由假定它跟我们曾经叫作"埃佛勒斯峰"的东西是同一的，因此，把这说成它叫作"埃佛勒斯峰"的理由就是循环的。至少在这个涵义上，专名真的有'内涵'。

但是，对较弱问题的肯定答复，并不衍推对较强问题的肯定答复，而决定专名是否具有涵义（在弗雷格和我所用这个词的涵义上）时，关键是对较强问题的答复。根据弗雷格，专名的涵义包括"呈现方式"，指称对象是它辨认的，当然单独一个描述性述谓并不能提供呈现方式；它不提供辨认描述语。"苏格拉底是人"可能分析性地为真，但述谓"人"不是苏格拉底的辨认描述语。

所以，让我们根据辨认原则讨论较强形式的问题吧。按照这个原则，任何使用专名的人都必须准备使用由专名指称的对象的辨认描述语（请记住辨认描述语包括实物呈现）来替换。如果有人不能这么做，我们就应该认为，他不知道他所讨论的人或物。正是这种考虑，使我们（也使弗雷格）倾向于认为，专名一定具有涵义，而辨认描述语就是其涵义。想一想专名是怎么学会的吧。假设你对我说"撒克雷克怎么样？告诉我，你认为撒克雷克怎么样？"如果我从来没有听说过这个名字，我只能回答"他是谁？"或"它是什么？"那么，根据辨认原则你下一步可用实物呈现撒克雷克，或提供撒克雷克的描述语，这难道不就是提供了名称的涵义吗？就像你可能提供的概括词的涵义一样，这难道不就是这个名称的定义吗？

我们已经讨论过这种观点的几种反对意见；另外一种意见是，一个人准备替换名称的描述语可能与另一个人准备替换的不一样。我们要说，对一个人定义性地为真的，对另一个人却只是偶然为真的吗？请注意，弗雷格被迫采用的措施如下：

> 再假设赫伯特·加纳知道古斯塔夫·劳本医生1875年9月13日出生于N.H.，而且这个信息对其他人都不为真；假设此外他不知道劳本医生现在的住处，实际上他什么也不知道。另一方面，假设莱奥·彼得不知道劳本医生1875年9月13日出生于N.H.。那么，就"古斯塔夫·劳本医生"这个专名而言，赫伯特·加纳和莱奥·彼得没有使用同一种语言，因为他们不知道他们用这个名称指称了同一个人，尽管事实上是这样。①

因此，根据弗雷格，除非我们对名称的背景描述是同样的，我们就没有使用同一种语言。但是，请注意，与其有关的是，我们很少把专名看作**一种**语言的一部分，而不是另一种语言的一部分。

而且，我可能发现我的辨认描述语相对于其对象不为真，但仍然不放弃其名称。我可能在学习如何使用"亚里士多德"时被告知这是出生于斯塔吉拉的希腊哲学家的名字，但如果后来有学者告诉我亚里士多德不是出生于斯塔吉拉，而是底比斯，我不会指责他们自相矛盾。不过，让我们更仔细地审视一下这个问题：学者们可能发现通常持有的关于亚里士多德的一个**特定**信念是错误的。这时候我们应该假设我们曾经相信对于亚里士多德为真的一切，事实上对于这个真的亚里士多德不为真吗？当然不是，这种思考为我们提供了问题的答案的第一条线索。

假设我们要求"亚里士多德"这个名称的使用者，陈述他们认为关于他的必要、确定的事实。他们的答案会构成一组辨认描述语，我想说，对于亚里士多德它们没有一个是分析性地为真的，但它们的析取会是。换言之，假设我们有独立的方法辨认一个对象，那么，什么是我可以就这个对象说"这是亚里士多德"的条件？我想说，这些条件，这个陈述的描

---

① 'The Thought: a logical enquiry', trans. by A. and M. Quinton, *Mind* (1956), p. 297.

述力，是足够多但至今数量不明确的一些陈述（或描述）相对于该对象为真。总之，如果被某对象的名称使用者认为相对于该对象为真的辨认描述语，没有一个被证明相对于某独立定位的对象为真，那么，该对象就不能跟名称享有者等同。这是一个对象成为亚里士多德的必要条件——他至少要满足这些描述语中的一些。这是这些描述语的析取是分析性地联结于"亚里士多德"这个名称的另一种说法，这是对"专名有涵义吗？"这个较强形式问题的准肯定答复。

那么，我对"专名有涵义吗？"（如果它问的是，专名是不是用来描述或指明对象的特征的？）的答复是否定的。但是，如果它问的是，专名是不是逻辑地联系于它们所指称的特征？我的答案是"是的，以一种松散的方式。"

有些哲学家假定，这种说明的一个反对意见是，同一个词有时候被用作多于一个对象的名称。但是，这是完全无关的事实，它根本不是在反对我的说明。不同的人被叫作"约翰·史密斯"跟"专名有涵义吗？"这个问题无关，就像河岸和金融机构都叫作"banks"跟"概括词有涵义吗？"这个问题无关。"bank"和"约翰·史密斯"都受到同音词的干扰，但没有人能因为一个词有几个意义而证明它没有意义。我曾认为这一点太明显，不需要指出，然而事实是几乎每位我向其呈现这种说明的哲学家都提出了这条意见。

我所说的是米尔和弗雷格之间的一种折中。米尔是对的，他认为专名不衍推特定的描述，它们没有定义。但是，弗雷格也是正确的，他认定任何单数名称一定有一个呈现方式，因此在一定程度上有涵义。他的错误是，把可以替换名称的辨认描述语当成了定义。

我要顺便指出，描述语"那个叫 X 的人"当然不能满足辨认原则，无论如何它本身不能。因为如果你问我，"你用 X 表示什么？"，我回答"那个叫 X 的人"，我仅仅说了，他是那个别人用"X"这个名称指称的人（即使真的只有一个叫作"X"的人）。但是，如果他们用"X"这个名称指称他，那么，他们就必须同时准备用辨认描述语替换"X"。如果他们接下来只是用"那个叫 X 的人"来替换，问题只是往前推进了一步，不能无休止地走下去，否则就是循环，就是无限倒退。我对一个人的指称可能寄生于他人的指称，但这种寄生不能无休止地推下去，如果要有真的指称的话。

171 基于这个理由，对于"专名 X 如果有涵义的话，涵义是什么？"的问题，其涵义（或部分涵义）是"叫作 X"这种说法，就根本不是答案。否则，我们也可以说，"马"的部分意义是"叫作马"。真令人惊讶，怎么人们常常犯这种错误。[①]

我对专名的分析，使我们能够解释这一节开始时提出的所有表面上矛盾的观点。专名怎么可能出现在存在陈述中？"亚里士多德从来没有存在过"这种陈述申明了，足够多但至今数量不确定的关于"亚里士多德"的背景描述为假。其中哪个被断言为假还不清楚，因为关于"亚里士多德"的背景描述还不确切。假设在那些被认为相对于亚里士多德为真的命题中，有一半对一个人为真，有一半对另一个人为真，我们会说"亚里士多德从来没有存在过"吗？这个问题事先没有答案。

同样，使用专名的同一性陈述也很容易解释。"埃佛勒斯峰是珠穆朗玛峰"申明，这两个名称的背景描述相对于同一个对象为真。就做出这个断言的人来说，如果这两个名称的背景描述是相同的，或一个包含另一个，这个陈述是分析性的，否则就是综合性的。弗雷格的直觉是有道理的，他从我们确实使用专名做有信息含量的同一性陈述这个事实推出，它们一定有涵义；但他假设这个涵义像有定描述语一样直截了当，这就错了。他著名的"晨星-昏星"的例子把他引上了歧途，因为这些表达式不是典型的专名（尽管这些名称的涵义相当直截了当），而处于有定描述语和专名的分界线上。

[①] 例如 A. Church, *Introduction to Mathematical Logic* (Princeton, 1956), p. 5。

而且，我们现在看到，专名的讲说如何满足了辨认原则：如果说话人和听话人都把辨认描述语跟这个名称相连，那么，这个名称的讲说就足以满足辨认原则，因为说话人和听话人都有能力替换辨认描述语。这个名称的讲说向听话人传递了一个命题。两者不必提供同样的辨认描述语，只要他们的描述语实际上相对于同一对象为真。

我们已经看到，就算专名可以被认为有涵义，它也是不确切的。我们现在必须探讨这种不确切的原因。到底什么特性构成应用专名的充要条件，这个问题上的不确切性只是偶然的吗？是语言不整齐性的产物吗？抑或它源于专名为我们实施的功能？要求提供应用"亚里士多德"这个名称的标准，就是以形式方式询问亚里士多德是什么，就是要求提供这个对象的辨认标准。"亚里士多德是什么？"和"应用'亚里士多德'这个名称的标准是什么？"是同一个问题，前者是实质方式，后者是言语的形式方式。所以，如果在使用这个名称前我们能就构成亚里士多德身份的确切特性达成一致意见，我们就会有确切地使用这个名称的规则。但是，得到这种确切性是要付出代价的，那就是使用这个名称会衍推某些**具体的**描述。事实上，这个名称本身会逻辑地等同于这些描述。但是，如果真是这种情况，我们就会有能力（实际上）只靠描述它来指称一个对象。而事实上，这正是专名这种机制使我们能够避免的方面，也是专名与有定描述语的区别所在。如果专名的使用标准在所有情况下都相当刻板、具体，专名就只会是这些标准的速记，它会严格地像精细的有定描述语那样发挥功能。但是，我们语言中专名的独特性和巨大的语用便利恰恰依赖这个事实——它们使我们有能力公开指称对象，不需要被迫提出问题，不需要就精确构成对象身份的描述特性达成一致。它们的功能不是描述，而是作为勾挂描述的栓柱。因此，专名标准的松散是把语言的指称功能跟描述功能脱离开来的必要条件。

换言之，假设我们询问"我们到底为什么用专名？"很明显，是为了指称个体。"是的，但描述语可以有同样的功能。"只是需要付出代价，每次指称时都要具体化辨认条件。例如,假设我们都同意不用"亚里士多德",而用"亚历山大的老师",那么,这就是分析性真理——所指称的人是亚历山大的老师。但亚里士多德从事教学却是偶然事实。(虽然,如我所述,这是必然真理——亚里士多德拥有通常归属于他的特性的逻辑总和[相容析取]。)①

不应该认为,个体身份标准的松散性只有我所描绘的专名所特有的那一种。例如,有定描述语的指称用法可能导致非常不同的身份问题。"这是教过亚历山大的人"可能被认为衍推这一点——这个对象可能跟另一个时空点上教亚历山大的人在时空上有延续性;但有人可能指出,这个人的时空延续性是偶然特性,不是身份标准。这种特性和那个人的身份之间的联系的逻辑性质,在引起争议前也可能是松散的、不确定的。但是,这是完全不同的松散性,不同于我所涉及的应用专名的标准的松散性,不影响有定描述语和专名之间功能上的区分,即有定描述语的指称只是因为其标准在原来的涵义上不是松散的,它们是通过提供对象的明确描述来指称的。而专名的指称不提供这样的描述。

我们可以通过比较一下典型的专名和蜕变的专名(如"英格兰银行")来澄清一下本章提出的一些观点。就这些边缘专名而言,其涵义似乎是像有定描述语一样直截了当,前提条件似乎跃到了表面。而且,专名可能获得刻板的用法,不需要描述语的语言形式:对信仰者而言,上帝**按定义**就是万能的、无所不知的,等等。对我们来说,"荷马"的意思就是"《伊利亚特》和《奥德赛》的作者"。其形式可能常常误导我们——"神圣罗马帝国"既不"神圣"也非"罗马"等,然而,它却仍然是"神圣罗马帝国"。同样,这可能是一个规约——只有女孩子才能叫"马莎",那么如果我给儿子取名"马莎",我可能会误导他人,但我没有撒谎。当然,并不是所有典型专名的'描述内容'都是一样的。例如,活人的名字

---

① 忽略矛盾的特性,$pv \sim p$ 就会使逻辑总和琐碎地为真。

（名字使用者要有能力认出此人，这可能需要重要的'辨认描述'）跟历史人物的名字就有差别。不过，处理这些问题时要记住的基本事实是，专名机制具有实施辨认指称言语行为的功能。这些表达式的存在源自我们区分语言的指称功能和述谓功能的需要。但是，我们永远不可能把指称和述谓完全分开，那样会违背辨认原则，而违反它我们就根本不能指称了。

第八章
从"是"衍生"应该"

形而上学区分中最古老的一个是事实和价值的区分。这一区分的基础是,价值似乎源自人类(不是世界,至少不是石头、河流、树木等原始事实)这种认识。否则,它们就不再是价值,而只是世界的另一部分。在哲学史上,这种区分的问题是,它有很多种不同的描述,它们并不都是等价的。休谟通常被认为曾经在《人性论》著名段落中提到过这一点,他讲到了从"是"到"应该"的变迁。[①] 穆尔把这种区分看成"自然"性质(如黄色)和他所谓的"非自然"性质(如善意)之间的差别。[②] 具有讽刺意味的是,穆尔的传人颠倒了这个形而上学进展的通常顺序,把这个形而上学区分倒读回语言,作为关于语言中衍推关系的论断。这样识解以后,这个论断就成了:没有描述性陈述可以衍推评价性陈述。我称之为"具有讽刺意味",因为在所有领域中语言是不能从描述推出评价这种观点的反例最多之处。我们在第六章看到,把一个论证称为有效的已经是评价了,而"它是有效的"这个陈述可以从某些'描述性'陈述推出来。什么是有效的论证、中肯的论证、合理的论证这个观念本身,在相关的涵义上就是评价性的,因为它们涉及从前提推出结论时什么是**正当的**、**正确的**这

[①] D. Hume, *A Treatise of Human Nature* (L. A. Selby-Bigge, ed.), (Oxford, 1888), p. 469. 不是很清楚,对休谟的这种解读是否正确。参阅 A. C. MacIntyre, "Hume on 'is' and 'ought'", *The Philosophical Review*, vol. 67 (1959).

[②] G. E. Moore, *Principia Ethica* (Cambridge, 1903).

些观念。总之，其讽刺之处在于这个事实——表达这个论断的术语（衍推、意义、价值这些术语）预设，该论断是错误的。例如，p 衍推 q 这个陈述，也衍推断言 p 的人**承担**了 q 为真的**责任**，而且，如果 p 被知道为真，人们就可以**正当地**推出 q。这些情况下的责任、正当等观念跟我们谈论承担责任做某事，或有正当理由宣战时的责任、正当具有一模一样的'评价性'。

本章想更深入地探讨所谓不可能从描述性陈述衍生评价性陈述的问题。利用第三章分析行事行为的结论，我将试图证明这个论断的另一个反例。[①]

不能从"是"衍生出"应该"这种论断，就是描述性陈述不衍推评价性陈述这种观点的另一种表述法或特例。这个论断的反例必须是这样的：使用该论断主张者认为是纯粹事实性或描述性的陈述（它们不必实际上包含"是"这个词），证明它们怎么逻辑地联系于该论断主张者认为是评价性的陈述（在现在的情况下，它包含"应该"这个词）。[②]

让我们一开始就提醒大家，"ought"（应该）是个不起眼的英语情态助动词，"is"（是）是英语联系动词；"应该"是不是能够从"是"衍生出来这个问题像这两个词一样不起眼。要看清楚这个问题的一个障碍是奥斯汀所谓的"醉意已浓"[③]。如果我们事先信服，解决大问题的关键是"应

[①] 我将讨论该论断的现代版本，不关心休谟、穆尔的观点（或事实与价值之间的形而上学区分）的反例。

[②] 如果这场讨论成功的话，我们将再次弥合"评价的"和"描述的"之间的裂隙，并因此证明这种术语的另一个弱点。不过，我现在的策略是继续沿用这种术语，假装评价性、描述性是相当清楚的观念。本章晚些时候，我将申明在哪些方面这些术语是模糊的，除了第六章已讨论的谬误以外。

[③] 原文 *ivresse des grands profondeurs*，是奥斯汀在"为辩白之辩"中的用语。奥斯汀认为，理智（sense）（不用说智慧（wisdom））的起始，是认识到哲学界所用的"做活动"（doing an action）是一个非常抽象的表达式。它是任何带人称主语的动词的替身，就像"事情"（things）是任何名词的替身，"优质的"（quality）是任何形容词的替身。然而，有些人不这样看。而且，我们几乎不会注意到最明显的例外或困难。"想事情""说事情"或"设法做事情"是"做活动"吗？就像我们在醉意已浓时不会担忧火焰是"事情"，还是"事件"。（Austin, 1979, *Philosophical Papers*, 178-179）。——译者

该"是否可以从"是"衍生出来，那么，我们可能真的很难看清楚这里涉及的逻辑、语言问题。特别是，我们必须避免（至少是开始时）滑入伦理学或道义的讨论。我们关注的是"应该"，不是"道义上应该"。如果我们接受这样一个区分，我们可以说，我关心的是语言哲学中的论断，不是道义哲学中的论断。我认为，"应该"是否可以从"是"衍生出来这个问题，确实对道义哲学有影响，但我将在呈现反例以后再讨论它。如果你阅读经典作者关于"应该"和"是"的论述，你就会被他们打动，他们是多么小心地提防道义（甚至政治）问题，牺牲了对情态助动词和行事语力的关注。

下文与我之前发表的证明论文的内容基本相同。[①] 对我那篇早期论文的批评使我认识到，它值得再次陈述；这样可以澄清误解，应对反对意见，并把其结论融进言语行为的总理论。

8.1 如何衍生

请考虑下列陈述：

1. 琼斯说了这句话，"史密斯，我就此允诺支付你 5 美元"。
2. 琼斯允诺支付史密斯 5 美元。
3. 琼斯置自己于义务之下（或承担义务），要支付史密斯 5 美元。
4. 琼斯是/处在支付史密斯 5 美元的义务之下。[②]
5. 琼斯应该支付史密斯 5 美元。

关于这些句子，我将论证，一个陈述与其后续虽然不都是衍推关系，却

---

① J. R. Searle, 'How to derive "ought" from "is" ', *The Philosophical Review* (January 1964).

② 原文"Jones is under an obligation to pay Smith five dollars"，通顺的汉译应该是"琼斯处在支付史密斯 5 美元的义务之下"，但此处的"is"有重要意义，所以，译作"琼斯是/处在支付史密斯 5 美元的义务之下"，表示也可以是"琼斯是在支付史密斯 5 美元的义务之下"。下文里当"是"不一定非要译出来时，都不译。——译者

不只是意外的或完全偶然的关系；要把这种关系变成衍推关系，需要额外的陈述和其他调整，但不需要涉及评价性陈述、道义原则或其他类似的东西。

我们言归正传。1 如何联系于 2？在某些情况下，讲说 1 引号中的话是实施允诺行为。在这些情况下讲说 1 中的词语就是允诺，这是它们的意义的一部分或后果。"I hereby promise"（我就此允诺）是英语实施 2 所确认的允诺行为的典型手段。

我们把英语用法的这个经验事实表述为另一个前提吧：

1a. 在某些条件 *C* 下，任何人说了这句话"史密斯，我就此允诺支付你 5 美元"，他就允诺了支付史密斯 5 美元。

这个程式"条件 *C*"涉及些什么内容？它们就是我们在第三章指明的条件，使讲说这句话构成成功地、无缺陷地实施允诺行为的充要条件。这包括输入、输出条件，说话人的各种意图和信念，等等（见 3.1 节）。如我在第三章指出，允诺概念的边界，像自然语言大多数概念的边界，有点松散。但是，有一点是清楚的；不管边界可能怎么松散，不管决定边缘案例可能怎么困难，讲说"我就此允诺"的人可以被正确地说成做出了允诺的条件，在完全日常的涵义上是经验条件。

所以，我们把这些条件成立这个经验认定作为额外前提加上。

1b. 条件 *C* 成立。

从 1、1*a*、1*b*，我们推出 2。该论证采用这种形式：如果 *C*，那么（如果 *U*，那么 *P*）：*C* 代表条件（condition），*U* 代表话语（utterance），*P* 代表允诺（promise）。给这个条件句加上前提 *U* 和 *C*，我们衍生出 2。据我所知，逻辑燃料库里没有暗藏什么评价性前提。关于 1 和 2 的关系，还有更多要说，但我将此留至以后。

2 和 3 之间是什么关系？根据第三章关于允诺的分析，按定义，允诺就是置自己于义务之下。对允诺概念的分析，如果不包括允诺人的这个特点则是不完整的，即允诺人将自己置于一个义务之下，或者承担、接受、承认一个义务，要对被允诺人实施通常施惠于其的某些未来行为。有人可能倾向于认为，允诺可以被分析为让听话人产生期望或类似的东西，但是，稍加思考就会发现，陈述意图跟允诺之间的关键区别在于，允诺所承担的责任或义务的性质和程度。因此，我认为 2 直接衍推 3，但我没有意见，如果有人出于形式整齐的目的，想加上一个重言式（分析性）前提：

  2a. 所有允诺都是置自己于义务之下（或承担义务），要做所允诺的事。

这种衍生是肯定前件推理的形式：如果 P，那么 PUO：P 代表允诺，PUO 代表置于义务之下（place under obligation）。给这个条件句加上前提 P，我们就衍生出 3。①

3 如何联系于 4？如果有人置自己于义务之下，那么在实施这种行为时，他就处在义务之下了。我认为，这也是重言式或分析性真理，即，我们不可能成功地置自己于义务之下，如果没有一个时刻我们是处在义务之下的。当然，**此后**各种事情都可能发生，可能会把我们从承担的义务中解脱出来，但这种事实跟重言式（当我们置自己于义务之下时，我们此刻就处在义务之下）无关。为了在 3 与 4 之间得到直截了当的衍推，我们只需要这样识解 4，以排除完成承担义务行为 3 的这一刻与声称实施者已处在义务之下 4 这一刻之间的时间间隔。这样识解，3 就直接衍推 4 了。形式主义者可能希望在 1—5 的每个陈述前都加上"在时间 t"这个短语，并且在从 3 到 4 这一步加上重言式前提：

  3a. 所有置自己于义务之下的人都（在置自己于义务之下这一刻）处在义务之下。

这样识解，从 3 到 4 这一步就跟从 2 到 3 这一步有了相同的形式。如果（在 t）PUO，那么（在 t）UO：t 代表特定时刻，PUO 代表置于义务之下，UO 代表处在义务之下。给这个条件句加上（在 t）PUO，我们就衍生出（在 t）UO。

---

① 此刻，我们已经从'描述性'陈述衍生出'评价性'陈述了，因为"义务"就是一个'评价'词。

第八章 从"是"衍生"应该"

　　我把 4 中的联系动词的时态跟实施允诺行为的时刻紧密相连。但是，重复一遍，表达同样观点的另一种方法，是在 1—5 的每个陈述前都加上"在时间 t"这个短语。在本证明的早期版本[①]中，我把 4 中的"是"当作真正的现在时，允许允诺行为的完成跟"琼斯是在义务之下"的"是"之间有时间间隔。当时我增加了"其他条件相同"这个条款，以允许在间隔期间可能发生各种事情，使琼斯解脱他允诺时承担的义务，如，史密斯可能免除他的义务，或者他可以通过赔钱消除义务。在 4 和 5 之间还有一个类似的"其他条件相同"这个条款，负责处理可能的义务冲突、允诺行为可能的邪恶特性或邪恶后果，等等。我认为，那种表述是非常真实的，因为它明确考虑到了 4 和 5 这样的陈述可能被取消的特性。不过，这种可取消性关系到允诺行为以外的因素，它们与人们承担的义务或应该做的事情有关。这些因素对我这里试图详细说明的逻辑关系没有影响，所以，和我们现在的讨论无关。

　　而且，在当今哲学舆论氛围下，在衍生分析中加上"其他条件相同"，证明是一个常见的办法，引起了各种无关的反对意见。有些批判者甚至声称，不可能从描述性陈述衍生评价性陈述的信念，就是基于衍生分析需要有"其他条件相同"的条款。所以，为了避免在这一步和下一步引入这种无关意见，我将顺便提及外在因素如何解脱、免除、推翻做出允诺时承担的义务，但不做明确的证明。从 3 到 4 的要点是重言式——当你置自己于义务之下时，你就此时此地处在义务之下，尽管你可能有能力在以后解除义务，同时拥有冲突、矛盾的义务，等等。[②]

[①] J. R. Searle，前引书第 46 页以次。
[②] 重要的是，可能要强调这个事实——一个义务可能被另一个义务盖过，或一个可能被消除、赦免的义务并没有资格充任义务，更不用说可以否认其存在了。必须先得有个义务，然后它才能被对抗或赦免。我可能处在矛盾中——我该履行两个冲突义务中的哪个，哪个我该实施，哪个我该违约。关于某个特定的义务，我可能有正当理由不做我应该做的。我的违约甚至可能被原谅、准许，甚至鼓励。相对这一切，我应该做我所承担的义务这个事实，逻辑上是先在的。

4 和 5 之间是什么关系？类似解释 3 和 4 之间关系的重言式，这里也有重言式——如果你处在义务之下去做某事，那么，就该义务而言，你应该做你处在义务之下应该做的事。当然，重复一遍，可能有各种其他理由支持你应该不做处于义务之下该做的事；例如，你的义务可能有冲突，使你不能做那事，或者这种行为有某种邪恶特性或后果，使你实施这种行为的义务被这些考虑所推翻，于是经过综合考虑，你应该不实施这种行为。毕竟，人们可能承担义务去做各种他不该做的可怕的事。所以，我们需要把从 4 推出来的 5 的涵义表达得更确切，以消除这些可能性。我们需要区分

5′. 关于琼斯支付史密斯 5 美元的义务，琼斯应该支付史密斯 5 美元。

和

5″. 综合各种考虑，琼斯应该支付史密斯 5 美元。

那么，很清楚，如果我们把 5 解读为 5″，我们就不能不加额外前提而从 4 衍生出 5″。同样清楚的是，如果我们将 5 解读为 5′（考虑到它在语篇中的位置，这可能是更可信的解读），我们就可以从 4 衍生出 5′。相对我们当前的目的，这已经足够了。此刻，就像前面两步，我们也可以出于形式整齐的目的，增加一个重言式前提：

4a. 如果你是处在做某事的义务之下，那么，就该义务而言，你应该做你在该义务之下该做的事。

这个论证的形式是：如果 UO，那么（就 UO 而言）O。UO 代表处在义务之下，O 代表应该。加上前提 UO，我们就衍生出（就 UO 而言）O。

这样，我们就从"是"衍生（在自然语言允许的"衍生"的严格涵义上）出了"应该"。而且，该衍生所需的额外前提没有一个是道义性的、评价性的。它们是经验认定、重言式、词语用法的描述。同时，必须指出的是，即使把 5 解读为 5′，"应该"也是康德的"诀然性"应该，不是"假言性"应该。5′ 的意思不是，**如果他想如此这样**，琼斯就应该付钱。

第八章 从"是"衍生"应该"

它的意思是，就他的义务而言，他应该付钱。还要指出，衍生步骤是以第三人称执行的。我们不是从"我说'我允诺'"推论出"我应该"，而是从"他说'他允诺'"推论出"他应该"。

本证明呈现了讲说某些词语跟允诺言语行为之间的关系，然后接着呈现了从允诺到义务，从义务到"应该"的步骤。从 1 到 2 的步骤非常不同于其他步骤，需要特别说明一下。在 1 里，我们把"I hereby promise ..."（我就此允诺……）识解为具有某种意义的英语短语。在某些条件下讲说该短语构成实施允诺行为是该意义的结果。因此，通过在 1 里呈现所引的表达式，并在 1a 里描述了其用法，我们似乎已经援引了允诺机制。我们也可以从比 1 更基础的前提开始，说：

1b. 琼斯讲说了语音系列：/ai$^+$ hirbai$^+$ pramis$^+$ təpei$^+$ yu$^+$ smiθ $^+$ faiv$^+$ dalərz/。

然后，我们需要额外前提，申明这个语音系列以某种方式对应于某方言的一些有意义的单位。

从 2 到 5' 的步骤相对容易一些，因为形式上每一步都有一个重言式做中介。我们依靠"允诺""义务""应该"的定义之间的联系，而唯一会出现的问题是义务可能以各种方式被推翻或取消，我们需要说明这种情况。我们解决这个难题的办法是，具体说明义务存在于承担义务这个时刻，并且"应该"是相对义务的存在而言的。

8.2 所涉及问题的实质

即使假设我至此所说的为真，当代哲学下成长起来的读者仍然会感觉不舒服。他们会觉得这里面什么地方一定有鬼。这种不舒服大概可以表达如下：为什么我承认的关于一个人的简单事实（如，他讲说了某些词语，他做出了允诺），会使**我**接受这种观点——**他**应该做某事？现在，我要简单讨论一下我试图论证的衍生进程可能具有的更广的哲学意义，以便勾勒出这个问题的大致答案。

我先讨论一下假定这个问题根本不可能回答的理由。

人们倾向于接受"是"与"应该"之间的严格区分，以及描述性与评价性之间的严格区分，是基于对词语跟世界的关系的某种图景认识。这种图景非常受人欢迎，如此受欢迎（至少对我）以至于，不是完全清楚，在何种程度上我此刻和第六章呈现的那种反例会对此构成挑战。所需要的是一种解释，如何及为什么这种经典的经验主义图景不能处理这些反例。简单地说，这种图景大致构建如下：首先，我们呈现所谓的描述性陈述例子（"我的车 1 小时跑 80 码""琼斯高 6 英尺""史密斯头发是棕色的"），然后我们将它们与所谓的评价性陈述（"我的车很好""琼斯应该支付史密斯 5 美元""史密斯是个坏蛋"）对比。任何人都能看出，它们是不一样的。我们可以这样表述这种差别：描述性陈述的真假问题是可以客观决定的，因为要知道描述性陈述的意义就是要知道在哪种可以客观地确定的条件下，包含它们的陈述为真或假。但是，评价性陈述的情况就非常不一样。知道评价性表达式的意义本身并不足以知道在什么条件下包含它们的陈述为真或假，因为这些表达式的意义是如此的，以至于根本不能被客观地、事实性地决定真假。说话人可以就其评价性陈述提供的任何辩解，基本上都要涉及他的态度，他采用的评估标准，或他为自己生存和评判别人所选用的道义原则。因此，描述性陈述是客观的，评价性陈述是主观的，这种差别是所使用的不同词语的结果。

这些差别的根本原因，是评价性陈述实施的功能完全不同于描述性陈述。它们的任务不是描述世界的任何特性，而是表达说话人的情感、态度，赞扬或谴责，欣赏或侮辱，称赞、推荐、劝告、命令，等等。一旦我们看到这两种话语的不同行事语力，我们就会认识到它们之间一定有逻辑鸿沟。为了完成它们的任务，评价性陈述一定要区别于描述性陈述，因为

第八章　从"是"衍生"应该"

如果它们是客观的，它们就不能实施评价功能。形而上地说，价值不可能植根于世界，如果那样，它们就不再是价值，而只是世界的另一部分了。形而下地说，我们不可能用描述性词语界定评价性词语，如果那样，我们就不能再用评价性词语去称赞，而只能描述了。换言之，从"是"衍生"应该"的任何努力都必定是浪费时间。因为，即使成功了，它所能证明的也只是，这个"是"不是真正的"是"，而是伪装的"应该"；或者这个"应该"不是真正的"应该"，而只是伪装的"是"。

这种图景为评价性陈述与描述性陈述的联系方法提供了某种模式。根据这种经典模式，从描述性陈述到评价性陈述的推论，如果有效的话，一定有一个额外的评价性陈述作为中介。这种论证的理性建构具有下列形式：

评价性大前提：　　如，人应该兑现自己的所有允诺；
描述性小前提：　　如，琼斯允诺做 X；
因此，评价性结论：因此，琼斯应该做 X。

这种模式所必需的是，决定一个陈述是评价性还是描述性的标准必须独立于这些所谓的衍推关系。即，我们应该有能力独立地辨认描述性陈述与评价性陈述这两类陈述，然后我们**进一步**、**独立地**发现前一类本身不可能衍推后一类。如果我们对"评价性"与"描述性"的**界定**使得该论断成立，那么它就是完全微不足道的。我提到这一点，是因为在这些争议中，认为描述性陈述不能衍推评价性陈述的人，常常倾向于以这种轻率的方式轻描淡写自己的立场。他会跟对手说："你声称这些描述性陈述衍推这些评价性陈述，但是，那只说明这些表面上描述性的陈述不可能真的是描述性的，或者这些表面上评价性的陈述不可能真的是评价性的。"这种答复就是认输。

我的反例的要点是，证明经典模式无法解释机制事实。人有义务、责

185 任、权利、职责，这常常是事实，但这是机制事实，不是原始事实。我上文论证从"是"衍生"应该"时援引的，正是这种机制化的义务、允诺。我从原始事实（有人讲说了某些词语）开始，然后援引了这个机制以生成机制事实，并据此得出结论——就其义务而言，他应该支付另一个人5美元。整个证明依赖构成性规则——做允诺就是承担义务，而且这个规则是'描述性'词汇"允诺"的意义规则。我想用"没有原始事实陈述可以不增加至少一条构成规则而衍推机制事实陈述"替代原来的"没有描述性陈述可以不增加至少一条评价性前提而衍推评价性结论"。我不能确切肯定新的论断是正确的，但是，我倾向于认为这是正确的，并且它至少跟上述衍生事实一致。

现在，我们可以探讨我们怎么能够生成无限数量的这样的证明了。考虑下面这个截然不同的例子。我们正在棒球赛第7局的中场，我在二垒外有很大的领先。投手旋转，把球投向游击手覆盖物，我在底线10英尺处被触杀。裁判员大喊"出局！"但是，作为实证主义者，我坚持不动。裁判要我回到队员席。我向他指出，你不能从"是"衍生出"应该"。我说，描述事实的描述性陈述不能衍推意思是我应该离开场地的评价性陈述。"你不能仅凭事实就得出评价。你需要一个评价性大前提。"因此，我回到二垒，并待在那里（（无疑）直到我很快被拖出场）。我认为，每个人都觉得我此刻的主张是不合情理的，就是逻辑涵义上的荒唐。当然，人们能够从"是"衍生出"应该"；并且，它在原则上跟允诺没有差别，尽管在这种情况下实际的衍生过程会比允诺复杂。通过答应打棒球，我承担了遵守某些构成性规则的义务。

现在，我们也能看到，人应该兑现自己的允诺这样的重言式，只是关于机制化义务的类似重言式中的一个。

186 例如，"人不应该偷盗"可以（当然不是必须）被理解成把某物认作某人的财产，必然等于承认他有权处理它。这是私有财产机制的构成性规则。①"人不应该撒谎"可以被理解成,做断言必然涉及承担义务说真话。这是另一个构成性规则。"人应该支付欠债"可以被识解成,把某物认作欠债,必然等于承认有义务支付。当然,重复一遍,这些句子有其他的识解方法,可以不把它们的讲说所表达的命题看作重言式。

因此,我的临时结论如下:

1. 经典图景不能说明机制事实。
2. 机制事实存在于构成性规则系统内。
3. 有些构成性规则系统涉及义务、责任、职责。
4. 在这样一些系统内,我们可以按一阶推导的模式从"是"衍生出"应该"。

有了这些结论以后,我们现在可以回到这一节开始时提出的问题:我所陈述的关于一个人的事实(如,他做了允诺)怎么能够使我接受他应该做什么这种看法?这个问题可以先这样回答:我陈述这种机制事实时已经援引了该机制的构成性规则。是这些规则提供了"允诺"这个词的意义。但是,这些规则是这样的——要我接受他做出了允诺这种观点,我就要接受他应该做什么这种看法,至少就他允诺时承担的义务而言。所以,如果你愿意,我们可以这样说,我们证明了"允诺"是评价词,因为我们证明了允诺这个观念是和义务的评价性观念逻辑地联结在一起的。但是,既然"允诺"也是纯粹'描述性的'(因为某人是否做了允诺是个客观事实问题),那么我们实际上证明了整个区分还需要重新审视。描述性陈述和

---

① 蒲鲁东(Proudhon)说过:"财产就是偷盗。"如果人们把这看作内部话语,它是说不通的。它的本意是外部话语,是为了反对、否认私有财产机制。它应用机制内部的词语来攻击机制,因此,得到了悖论的神气和力量。

站在机制的平台上,人们可以改动构成性规则,甚至抛弃一些机制。但是,你能抛弃所有的机制吗(可能是为了避免必须从"是"衍生出"应该")?你不能既抛弃又从事我们认为是人类的典型行为方式。假设蒲鲁东就每一种可能的机制,还说了(并试图坚持这些信念)"真理就是撒谎,婚姻就是背叛,语言就是不交流,法律就是犯罪"等。

评价性陈述之间的所谓区分，实际上至少是两个区分的复合。一方面，有不同种类的行事行为之间的区分，一组包括评价，另一组包括描述。另一方面，有不同话语之间的区分，有的涉及可以客观地决定真假的主张，有的涉及不能客观地决定真假的主张（它们是'个人决定问题''意见问题'）。有人认定，前一个区分是（必须是）后一个区分的特例，即，如果某句话具有评价行事语力，它就不可能被事实前提衍推。所以，如果我是对的，描述性话语和评价性话语之间的所谓区分，只能作为描述和评价两种行事语力之间的区分才有用。而这并不是非常有用的，因为如果我们严格使用这些术语，它们只是上百种行事语力之间的两种。而且，讲说5这种形式的句子"琼斯应该支付史密斯5美元"，一般来说哪一类都不属于。

这一切对道义哲学有什么影响？至少有这些：常常有人说，从事实陈述中不可能得出任何伦理陈述。有人说，其理由是，伦理陈述是评价陈述的子类，因而从事实陈述中不可能得出任何评价陈述。应用于伦理学的自然主义谬误只是一般自然主义谬误的特例。我已经证明，不能从描述性陈述衍生出评价性陈述这种广义论断是错误的。我没有论证，也未考虑，具体的伦理或道义陈述能否从事实陈述衍生出来这种狭义论断。但是，从我的理论能够推论的是，如果要证明这种狭义论断，它一定要根据独立的理由，而不能根据广义论断来证明，因为如果我的分析是正确的，该广义论断就是错误的。

顺便提及，我认为兑现允诺这个义务很可能与道义没有必然的联系。常常有人声称，兑现允诺这种义务，是道德义务的典型案例。但是，请考虑一下这个非常普通的例子。我允诺来参加你的晚会。然而，就在晚会那天晚上，我恰恰感觉不想去了。当然我**应该**去，归根到底我允诺了，我没有借口不去。但是，我就是不去。我是**不道德**吗？无疑，这是不守规矩。如果我去不去非常重要，那么，我不去就可能是不道德的。然而，这种不道德源自去的重要性，并不只是允诺时所承担的义务。

8.3 反对意见及答复

对围绕这个问题的哲学论战不熟悉的读者，可能感觉 8.1 节提出的观点没有问题，并且明显有理。然而，该节提到的衍生进程可能是本书引起最多争议的一个观点。对该衍生进程提出的批评意见大致可以分作两类：一类是攻击"其他条件相同"条款的，另一类是攻击允诺、义务、"应该"之间所谓逻辑关系的。第一类我避开了，我在证明时没有考虑"其他条件相同"条款准备应对的各种意见。第二类触及正在讨论的问题的核心，值得更详细讨论一下。这些反对该衍生进程的意见暴露了语言哲学和其他领域的很多问题。下文我将以对话的形式呈现和回答那些我认为最真诚的反对该证明的意见。

第一条意见：整个理论暗藏了一种保守主义。你似乎在说，如果任何人认为他从来不应该兑现允诺，这是逻辑不一致，或者，允诺的整个机制是邪恶的。

答复：这条意见实际上是对整个证明的误解，事实上是对整本书的误解。"人从来都不应该兑现允诺"这种说法，同我的理论是完全吻合的。例如，假设一个无政府主义者说，人从来都不应该兑现允诺，因为对义务的不适当担忧妨碍自我实现。这种论证可能是愚蠢的，但就我的理论而言，它不是逻辑荒唐的。要理解这一点，我们需要区分允诺机制的外部和内部。允诺时，人承担了做某事的义务，这是允诺这个概念的内部涵义。但是，整个允诺机制是好是坏，允诺时承担的义务是否被其他外部考虑所推翻，却是位于机制之外的问题。上文提到的无政府主义者的论证只是对允诺机制的外部攻击。实际上，它的意思是，兑现允诺的义务总是被该机制的所谓邪恶特性所推翻。但是，它并不否认允诺赋予人义务这一点，它只是坚持义务不应该因为"自我实现"这种外部因素而实现。

我的理论丝毫不迫使人接受这种保守主义观点——机制按理是不能被

攻击的，或者人们应该赞同或反对某种机制。关键仅在于，当一个人援引机制规则参与机制活动时，不管是否赞成该机制，其必须接受特定的行事方式。就语言机制而言，比如允诺（或陈述），当一个人严肃地讲说某些词语时，其必须接受由这些词语的意义所决定的行事方式。在某些第一人称话语中，讲说它们就是承担义务。在某些第三人称话语中，该讲说是报告有人承担了义务。

第二条反对意见：对第一条意见的答复暗示了下列归谬法。按照这种理论，任何机制都可以任意赋予人义务，这只取决于人如何任意决定建立该机制。

答复：这条意见是基于对义务的错误认识，我的理论没有蕴涵这种认识。义务这个观念跟接受、承认、认出、承担等观念紧密相连，这种意义上的义务使它基本上成为一个契约观念。[①] 假设我不认识的一群澳大利亚人建立了一条'规则'，根据它我每周'有义务'给他们100美元。除非我以某种方式参与了这个最初协议，否则他们的要求是莫名其妙的。并不是 X 的任何任意决定就可以把 Y 置于义务之下的。

第三条反对意见：现在看起来最初的评价性决定是接受或拒绝允诺这个机制。按照你的理论，一旦有人严肃地用了"允诺"这个词，他就接受了特定的行事方式。这只能说明评价性前提是 $1a$，而且说明 $1a$ 实际上是一个实质性道义原则。

答复：这条意见开始接触到了问题的核心。$1a$ 确实是一个关键前提，是它使我们从原始层次转到了机制层次，包含义务的层次。但是，这种'接受'跟接受某种道义原则的决定非常不同。$1a$ 申明了描述词"允诺"的意义事实。而且，任何人在严肃的字面话语中用了这个词就要接受涉及义务的逻辑结果。在这方面，允诺并没有什么特别的；陈述、警告、劝告、报告、甚至命令，都有类似的内置规则。此刻，我是在挑战某种描写

[①] 参阅 E. J. Lemmon, 'Moral Dilemmas', *Philosophical Review* (1962).

语言事实的模式。根据这种模式，你描写了任何情景中的事实后，'评价'的问题仍然是完全开放的。我此刻要论证的是，在某些机制事实中，涉及义务、责任、职责的评价不再是完全开放的，因为关于机制事实的叙述都涉及这些观念。

令我非常着迷的是，那些"反自然主义"的作者在思考之后隐性地接受了从描述性衍生评价性的观点，而他们只是在做哲学，并未考虑自己的意识形态。请看 R. M. 黑尔的下列论述[1]："如果有人说一个东西是红色的，**他就接受了**[我加的黑体]这种观点——任何在有关方面跟其相似的东西也都是红色的。"黑尔还说[2]，他有责任"**将其称作红色的**"[我加的黑体]；这纯粹是由于有关词语的意义。不管黑尔说的是否是真的[3]，它的形式跟我的论证相同。我说，如果一个人允诺了，他就答应做所允诺的事，这纯粹是出于"允诺"这个词的意义。

这两种论断之间的唯一重要差别是，黑尔的例子中的责任是将来的语言行为，我的责任则不局限于语言行为。在结构上，它们是等同的。但是，让我们假设有人可以证明它们不一样，那么，我就应该展示这个例子的衍生进程。"他把它叫作红色的"是一个直截了当的事实陈述（就像"他允诺了"）。"他有责任实施某种行为"是评价性的，因为责任（虽然范围大一点）和义务是一个家族的成员。因此，黑尔的例子所证明的论断正是评价性陈述可以从描述性陈述推出。令黑尔不安的是他自己的主张，即重言式生成义务。[4]但是，他似乎忽略了，重言式是假设性的，它们本身并不生成任何义务。它们所表达的是，如"如果他把它叫作红色的，他就承担了责任"。所以，我们需要经验前提"他把它叫作红色的"，才能

---

[1] R. M. Hare, *Freedom and Reason* (Oxford, 1961), p. 11.

[2] 同上，第 15 页。

[3] 按他在第 15 页上所说的较强版本，这不可能完全是真的。一个人可能把一个物体叫作红色的，而对他看到的另一个红色物体什么也不说。

[4] 'The promising game', *Revue Internationale de Philosophie* (1964), pp. 403 ff.

得出结论"他承担了责任"。没有人声称,重言式诀然'规定了'行为,它只条件性地叙述了机制事实(就像黑尔的例子所证明的那样)。

回答这个问题时,我们可以说,他的"有责任"表示,如果说话人不兑现诺言就是自相矛盾。因此,责任被识解为"描述性的"。但是,这只是把问题后退了一步。如果他的陈述是自相矛盾的,为什么说话人要担心呢?答案分明是,内在于陈述观念(描述词)的是,自相矛盾(描述词)是失败(评价词)。也就是说,做陈述的人有责任(其他条件相同的情况下)避免自相矛盾。人们不是首先决定做陈述,然后做出另一个评价性决定——如果他们不自相矛盾,他们的处境将不错。所以,我们仍然得到,事实必然涉及责任。

第四条反对意见:对第三条意见的答复实际上脱靶了。你的衍生进程所证明的只是,"允诺"(无疑也包括"陈述""描述"等)实际上是评价性词语。指出这一点可能是有用的——有些原先认为是描述性的观念实际上是评价性的,但是,这不能抹杀描述性与评价性之间的鸿沟。证明了 2 是评价性的以后,事实上可以推论的是,$1a$ 一定是评价性的,因为描述性前提 1 和 $1b$ 本身不足以衍推 2。

答复:除了它衍推评价性陈述 3 这个事实之外,没有独立的动机把 2 称为评价性的。所以,现在描述语不能衍推评价语这个论断变得微不足道了,因为一个陈述是否属于描述性的标准变成了它是否衍推评价性陈述。但是,除非有可以独立辨认的描述性陈述和评价性陈述,并且我们可以发现前一类的成员是否衍推后一类的成员,否则我们对描述性的定义就会包括"不衍推评价性陈述",这将使得我们的论断变得微不足道。直观上,2 是一个直截了当的事实陈述。如果语言理论迫使我们否认这一点,并断言这是一个主观评价,那么这种理论就有问题了。

第五条反对意见:第四条意见只需要重新措辞一下。关于"允诺"这样的词,可以说它们既有评价性涵义,又有描述性涵义。在描述性涵义(涵义 1)上,"允诺"就是表示"**讲说某些词语**"。在评价性涵义(涵义

2）上,"允诺"表示**承担义务**。然而,如果 1a 真的是描述性的,那么,你从 1 到 2 所证明的只是琼斯在涵义 1 上做出了允诺,但为了从 2 移动到 3,你必须证明他在涵义 2 上做出了允诺,这样你就需要一个额外的评价性前提。

总之,关于"允诺"你犯了含糊其辞的错误。你证明了琼斯在涵义 1 上做出了允诺,然后认定你证明了他在涵义 2 上做出了允诺(因为你错误地认定这两个涵义是相同的)。涵义 2 与涵义 1 的差别,是负责任的参与者与中立的旁观者之间的差别。负责任的参与者与中立的旁观者之间的区分既是必需的,又是决定性的,因为只有中立的旁观者才会做出真正事实性或描述性的陈述。一旦你从负责任的参与者角度解读"允诺"这个词,你就悄悄地把评价塞了进来。直到你塞进了评价,证明才会起作用。其实,你不应该假设每个词本来就有评价性或描述性的标签。有些表面上是描述性的词可以有评价性的涵义,就像"允诺"的涵义 2 也有描述性的涵义。"允诺"只有在涵义 1 上才是纯粹描述性的。

答复:没有涵义 1。即,"允诺"没有只表示"讲说某些词语"这样一个字面意义。"允诺"指谓的一般是在讲说某些词语时实施的言语行为。但是,"允诺"并不是既表示讲说词语,又表示承担义务的歧义词。上述反对意见试图主张,"他做了允诺"这个陈述中的允诺是在叙述原始事实,不是机制事实,但没有这样的涵义。这条反对意见的论证跟意见 4 是相同的。它求助于经典模式,但本文挑战的恰恰就是经典模式。

我将把这一点说得更详细一些。语言描述中叙述的语言事实为语言理论提供了限制。最起码,理论必须与事实相吻合;一个可接受的理论也必须说明或解释事实。在当前情况下,下列语言描述叙述了某些事实:

1. "X 做出了允诺"这种形式的陈述叙述了客观事实,除了边缘案例,它不是主观的,不是意见问题。

2. 根据定义,允诺就是承担义务(或责任等)去做某事。

3. "X 做出了允诺"这种形式的句子没有词汇歧义,不是既表示"X

说了一些词"，又表示"X 真的允诺了"。"允诺"不是同音多义词。

4. 允诺一般是在某些语境下，带着某种意图，通过讲说某类表达式实施的。

5. "X 承担了义务"这种形式的陈述是'评价性的'，因为这是述说所谓评价性观念（义务）的陈述。

与这些事实的一致性，是任何旨在处理这一领域的语言学理论要满足的充分条件。反对意见 4 跟陈述 1 不一致。意见 5 弥合了意见 4 的问题，但又与陈述 3 不一致。这两条意见的出现，是因为经典模式在承认陈述 5 的情况下不能解释 1 和 2。对我的证明的这些反对意见，几乎都是否认这些语言描述中的一个或多个的。

你刚才提出的反对意见（5）试图引入"允诺"的一个涵义，使它完全按照陈述 4 定义，而不表示承担义务。但是，它没有这样的字面涵义。你之所以提出这种意见，是因为你的理论不能同时包容两种事实——允诺使人承担义务的事实，某人做出允诺**是**一个事实问题的事实。

第六条反对意见：然而，我还没有被说服，所以我再试一下。我觉得，你没有充分理解我对负责任的参与者和中立的旁观者的区分。我可以同意你的意见，一旦我们字面地、无保留地使用"允诺"，一个评价成分就进来了；因为通过字面地、无保留地使用那个词，我们就答应接受了允诺这种机制。但是那样就涉及了评价，所以，一旦你具体说明早先的哪种用法是字面的、负责任的，我们就可以看到它真的是评价性的。

答复：在某种程度上，你此刻在说，我的论证似乎是反对我自己的。当我们字面地、无保留地使用一个词的时候，我们就真的答应接受那个词的逻辑特性了。就允诺而言，当我们断言"他做出了允诺"时，我们就答应接受他承担了义务这个命题。在完全同样的含义上，当我们用"三角形"这个词时，我们就答应接受其逻辑特性了。所以，当我们说"X 是三角形"时，我们就答应接受 X 具有三条边这个命题了。第一个例子中的责任涉及义务这个观念，证明我们有能力从它衍生出'评价性'结论；但这不证明"他做出了允诺"这个陈述中有任何主观因素（是意见问题，不是事实问题或是道义决定问题），就像"X是三角形"这个陈述具有逻辑结果，并不证明在"三角形"这个词的负责任用法中有道义决定那样。

我认为，你此刻之所以混淆不清，是因为"答应（接受）允诺机制"这个短语有两种非常不同的解读方法。一种方法是，它表示（a）"答应按照其字面意义使用'允诺'这个词，这种字面意义是由该机制的内部构成性规则决定的"。另一种非常不同的解读方法是，它表示（b）"赞同该机制，认为它是好的、可接受的机制"。那么，当我字面地断言他做出了允诺时，我确实答应按（a）的涵义接受该机制；这真的是因为其字面意义使我接受了这种责任，所以衍生进程得以通过。但是，我没有答应接受（b）的涵义。如果某人讨厌允诺机制，他仍然完全可能字面地说"琼斯做出了允诺"，这样他就接受了这种观点——琼斯承担了义务。责任的（b）涵义真的是意见问题（至少就当前讨论而言），但是在涉及（a）涵义解读的责任而做的陈述中，没有什么是主观的。为了把这一点说得更清楚，请注意几何学里有完全同样的区分。如果某人认为，几何学整个学科是邪恶的，当他断言"X是三角形"时，他仍然可以接受"X是三角形"的逻辑后果。这两种情况下的责任都没有评价性（在主观性的涵义上）。"他做出了允诺"和"X是三角形"两者都是事实陈述。（当然，这在逻辑上是可能的——人们可能设法通过不连贯地使用词语破坏允诺或几何学，但它跟这两种情况下的衍生进程的有效性无关。）

你说，我们字面地、无保留地把某事刻画为允诺时，评价性成分就进来了，这可以表示以下两种意思中的任一种：

1. 字面地、无保留地做出的陈述"他做出了允诺"衍推"他承担了义务"。

2. "他做出了允诺"这个陈述总是主观性的，或者是意见问题，因为做这种陈述使人认为，允诺这种机制是好东西。

然而，在第一种情况下，你所说的是非常正确的，真的是我的论证的核心，并且依赖上文的解读（a）。但是，如果你的意思是第二种选项，它是以解读（b）为基础的，那么，它分明是错误的。2 中的两部分内容都是错误的：其一是"他做出了允诺"是主观性的，或者是意见问题；其二是，为了毫无保留地说"他做出了允诺"，需要把允诺机制看作好东西。

'评价性'陈述的经典理论有两个要素：其一是承认一类陈述直观地被感觉是评价性的（不幸的是，结果发现这事实上是非常异质的一类）；其二是认为这种陈述都一定是主观性的，或者是意见问题。对第一个要素，我没有提出挑战；我认为至少有一些典型的评价性话语，我愿意认同正统理论家的观点，"他处在义务之下"是其中之一。但是，我挑战第二个要素，它认为这类陈述都一定是主观性的，任何事实性陈述或客观性陈述都不能衍推这一类成员。

第七条反对意见：我仍然不服。我为什么不能用一种超然的人类学口气说话？我觉得，很明显我们可以说"他做出了允诺"，表示"他做了那些盎格鲁-撒克逊人叫作允诺的事"。这是一个纯粹描述性的允诺的涵义，根本不涉及接受评价性陈述的问题。当我区分负责任的参与者和中立的旁观者时，我设法表达的就是这种人类学观点。

答复：当然，你能够以间接叙述的方式说话，从而直接避免说话的责任。你甚至可以采用正常说话的方式，佯装间接叙述的样子，或你称之为超然的人类学口气。但是，请注意这事实上是完全无关的。它们不说明所涉及的词有不同的涵义，或原先的陈述是隐藏的评价。请注意，人们可以对任何词做完全同样的事。人们可以对几何学采取超然的人类学态度，实际上来自另一星球的持怀疑论的人类学家就可以采取这种态度。[①] 当他说"X 是三角形"时，他的意思可能只是"X 是盎格鲁-撒克逊人叫作三角形

[①] 顺便请注意，人类学家事实上就是以这种方式谈论宗教的：如"有两种天神，其中雨神是更重要的，因为他主管下雨"。这并不说明所涉及的词语有什么不同的意义，它只说明在某些语境下有可能以间接叙述的口气说话，而不采用间接叙述的形式。

的东西",但那并不说明"三角形"有两个涵义,一个负责任的或评价性的涵义,一个超然的或描述性的涵义。那也不说明欧几里得是一个伪装的道学家,因为他的证明要求'负责任地'使用所涉及的词语。人们可以对任何事物采取超然的态度,与涉及负责任地使用词语的演绎论证的有效性无关。如果这真的是对 8.1 节的衍生进程所提出的有效反对意见——通过重新以超然的人类学的涵义解读词语我们就可以产出无效论证,那么,同样的意见可以批驳每一个可能的演绎论证,因为每一个有效的论证都依赖负责地使用衍生进程中的关键词语。这条意见说的只是,相对任何论证,人们都可以用间接叙述构建一个类似的论证,使得原先的结论不可能被有效地衍生出来。问题是:那又怎么样?这样的事实永远不可能改变任何原先论证的有效性。我的论证所要求的,就像任何有效论证,是严肃地、字面地、非间接叙述地使用其所包含的关键词语。这些词语存在其他可能的非严肃使用这个事实,是完全无关的。

在所有反对原先证明的论证中,来自人类学的论证既最常见[①],又最弱。它的结构是:选取任何从前提到结论的有效衍生进程。然后选取前提中的任何关键词,不管是"允诺""三角形""红色的",还是其他你喜欢的论证中的关键词。重新解读 W,以致它不表示 W,却表示"别人叫 W 的东西"。然后,用这样解读的 W 重写衍生进程,看看它是否还有效。可能性很大的是,它不再有效;但是,如果继续有效,那就用其他的词重复该程序,直到它不再有效为止。结论就是:这种衍生进程从来都是无效的。

批评衍生进程的人不断提出论证,如果有效的话,它就会威胁所有有效衍生进程,这一事实证明了我在本章开始时提到的讽刺。有人有把事实与价值之间的形而上学区分读回进语言的冲动,认为这才是有效的衍推关系,这种论点必然会遭遇反例,因为语言使用到处都充满承担责任,认定

---

① 尽管原先的论文已考虑,并回答了这种意见。参阅 J. R. Searle,前引书第 51、52 页。

义务，呈现令人信服的论证等事实。面对这些反例，有人特别想用'描述'语气重新识解反例中的术语，采用'超然的人类学视角'。但是，这样做的代价是，词语不再表示它们原来的意思，真正前后一贯地应用'超然的人类学视角'的代价是，终结所有有效性和衍推。有人尝试排除反例，并通过从负责地使用词语倒退来修补不一致性，因为他们想不顾一切地维护他们的论断。但是，从负责地使用词语倒退最终必然导致从语言本身倒退，因为说一种语言——这是本书的主题——包括就按照规则实施言语行为，而言语行为和责任——言语行为的重要组成部分——是不能分开的。

索　引

索引所标页码为英文版页码，即本汉译版的边码。

A

advise　劝告，67
affirm　确认，66
Alston, W. P.　奥尔斯顿，56 注，107 及注②
analysis, philosophical　哲学分析，55，第六章多处
analyticity　分析性，5 ff.
Anscombe, G. E. M.　安斯科姆，50 注
Aristotle　亚里士多德，121 注①
Article, definite　冠词，定，84
assertions　断言（另见 statement），23，29，64，141—146，148
　　and reference failure　与缺乏指称对象
　　illocutionary act of　的行事行为
asserting, institution of　断言的机制，162
attribute　属性（另见 properties），105
Austin, J. L.　奥斯汀，19 注②，23 及注，25，54 及注，68 及注，69 注，71，137 及注③和⑤，142 及注，150，176
axioms　公理
　　of existence　存在的，77，82，87，95，160
　　of identification　辨认的，80，82，85，87，91，121
　　of identity　等同的，77，79，97
　　of reference　指称的（见 reference）

B

Benjamin, B. S.　本杰明，141 注②

Black, M.　布莱克，98 注

C

Carnap, R.　卡尔纳普，79 注
category　范畴，126—127
ceteris paribus　其他条件相同，179，180，188
Chomsky, N.　乔姆斯基，14 注，64
Church, A.　丘奇，107 注，171 注
commands　号令（另见 imperatives），66，160—162
commend　称赞，137，183
commendation, act of　称赞的行为，138—139，151—152
commitment　责任，担保，58，176，184—185，190—191，194—195
　　ontological　本体论的，103，第五章第 3 节
　　　criteria for　的标准，106 ff.
　　to universals　对共项，103 ff.
communication　交际，16
　　human　人类，47
　　institutional theories　的机制性理论，71
　　linguistic　语言的，16
　　　essential feature of　的基本特征，43
　　　minimal units of　的最小单位，16
　　naturalistic theories　的自然主义理论，71
　　parasitic forms of　的寄生形式，57
　　secondary forms of　次要的，57
concept(s)　概念，10，11，12

索 引

Frege on 弗雷格论，第五章第 1 节多处
  as incomplete 作为不完整的，100
  vs. object 与对象，第五章第 1 节多处
  as predicative 作为述谓性的，99，101
  and properties 与性质，99 ff.
  as reference of grammatical predicate 作为语法谓语的指称，99
  as unsaturated 作为不饱和的，100
conditions 条件
  essential 基本的，60，64，65，66—67，68
  input and output 输入与输出，57，94
  necessary and sufficient 充要的，55
  overlap of 的重叠，69
  preparatory 准备的，60，64，65，66—67
  sincerity 真诚，60，64，65，66—67
congratulate 祝贺，67
constatives 叙事句，68
context 语境，68，90
conventions 规约，38，40
  of fiction 小说的（另见 fictional entities），79
  use-mention 使用-提及，76
conventional 规约性的，37
  devices 手段，40
  elements 成分，40
  forms 形式，39
  realizations (of rules) （规则的）体现，39，40
counts as 算作，36，48，49，52
criteria 标准，6，11，134 ff.
  extensional 外延的，6—12
  identity 身份，同一性，24，167，172，173
  operational 操作的，11

D

deep structure 深层结构，30，95
demonstratives 指示词，86
  pure 纯粹的，86
demonstrative presentation 指示词呈现，86，92
describing 描写（另见 statements, terms），132 ff.，187
descriptions 描述语
  definite 有定的（另见下方 Russell's theory of），81，83，162，163，164，165
  identifying 辨认性（另见 expressions, identifying），86，87，88 ff.，95，96
  limiting case of 的极端情况，90
  Russell's theory of 罗素的摹状词理论，72，83，第七章第 1 节
    fundamental objection to 根本性反对，159—160
    Real discovery behind 背后的真正发现，94
  singular definite 单数有定（另见 descriptors），72—73，83
descriptors 描述项，81，83，84，85，89，90
determinable/determinate 可确定的/确定的，151
Dummett, M. 杜梅特，99 注①，100 及注③

E

entailment 衍推，133，135，140，175，176，177，185
evaluating 评价（另见 statements, terms），132 ff.，140，187
explanations 解释（另见 linguistic explanations），15
express 表达，65
expressibility, principle of 可表达性原则，第

索 引

一章第 5 节, 68, 87—88
expressions 表达式
  identifying, kinds of 辨认性的种类, 86
  indexical 直指的, 80, 118
  predicate 述谓, 谓语, 99, 100, 112, 114, 120
    argument against their referring 反对述谓指称的论证, 102—103
    used to ascribe properties 用于归属性质, 100 ff.
    used to identify terms 用于辨认词项, 113 ff.
    used to refer to concepts 用于指称概念, 97 ff.
    used to refer to properties 用于指称性质, 99 ff.
  as predicated of objects 就对象进行述谓, 26
  referring 指称, 26—29, 72, 73, 90, 99, 112, 160, 163
    definite 有定的, 81: kinds of 的种类, 第四章第 3 节; plural 复数的, 27, 29 ; singular 单数的
    indefinite 不定的: plural 复数的, 27; singular 单数的, 27
    occurrence without normal use 不具备通常用途的使用, 73, 77
    sense of 的涵义, 92
    singular 单数的, 73, 103; categorical 决然的, 73; hypothetical 假设的, 73
    three kinds of 三类的, 28
  subject 主语, 114

F

facts 事实, 92, 93
  brute 原始的, 第二章第 7 节多处, 185
  knowledge of 的知识, 50 ff.
  institutional 机制的, 第二章第 7 节多处, 185, 186, 190
  knowledge of 的知识, 50 ff.
  vs. objects 与对象, 93
fact-stating language 陈述事实的语言, 50
fallacy 谬误
  assertion 断言, 第六章第 3 节, 147, 149
    general character of 的一般特征, 145—146
  naturalistic 自然主义的, 132
  naturalistic fallacy 自然主义谬误, 第六章第 1 节, 148, 154, 156
  speech act 言语行为, 第六章第 2 节, 147
    general nature of 的一般性质, 139
    relation to naturalistic fallacy fallacy 和自然主义谬误之谬误的关系, 140
family resemblance 家族相似性, 55
fictional entities 小说实体, 78, 79
Fodor, J. A. 福多尔, 64
Frege, G. 弗雷格, 20, 25 及注, 30, 77, 80, 92, 95 注①, 第五章第 1 节多处, 112—114, 157, 158 及注①, 165 及注①, 168—171

G

games 游戏, 第二章第 5 节多处
  analogy, with 跟游戏类比, 63, 123
    limitations of 的局限性, 38, 43, 63—64
Geach, P. 吉奇, 70 注, 99 注②, 158 及注③
generalizations 概括
  empirical 经验的, 13, 14
  statistical 统计的, 13
"good" "好的", 132, 137, 138, 139, 147,

193

151—153

meaning of 的意义，152
Goodman, N. 古德曼，9 注①
grading 分级，135 ff., 151
greeting 问候，49, 64, 67
Grice, P. 格莱斯，8 注③，43 及注①，44—49

H

Hall, R. 霍尔，150 注①
Hare, R. M. 黑尔，30, 134 注②，137 及注①，190 及注①，191 及注①
Hume, D. 休谟，175 及注①
hypothesis, of the book 本书的假设，36—37, 38

I

idealization 理想化，55
identification, principle of 辨认原则（另见 axioms），80, 87, 第四章第 6 节，95, 121, 163, 165, 168, 171, 174
identify 辨认（另见 identification），26, 85, 113, 115—119
identifying 辨认，85, 86
    a particular 殊相，82 ff., 115 ff.
    a universal 共相，115 ff., 121
idiolect 个人语，13
illocutionary 行事的
    acts 行为，23, 24, 25, 28, 42, 44, 45, 46, 48, 54, 55, 69, 94, 95, 122, 123, 187
        defects of 的缺陷，54, 58, 69
        necessary and sufficient conditions for 充要条件，54
        structure of 的结构，第三章多处
        types of 的类型，66—67

    effects 效果（另见 understanding），45
    force 语力，62—64, 68, 70—71, 122, 123, 132, 187
        as mode of presenting predicate 作为呈现谓语的方式，122 ff.
        illocutionary force indicator 行事语力指示器，30 ff., 54, 57, 59, 63, 68, 122, 161；rules for use of 的使用规则，第三章第 3 节
    verbs 动词，70, 71
imperative(s) 祈使句，34, 63, 122
implies, implying 蕴涵，蕴涵，65
indexical indicators 直指指示器，80
individual 个体，27
infelicity 不适切性，54
institutions 机制（另见 facts），第二章第 7 节多处
    external attack on 对外部的攻击，189
    internal attack on 对内部的攻击，189
institutional, concepts 机制的概念，50 ff., 56
intending and referring 意图与指称（见 referring）
intention(s) 意图，16
    meaning and 意义与，第二章第 6 节多处
    recognition of 认出，43, 60
    reflexive 自反的，47, 49, 60—61, 95, 127
interrogative 疑问句（另见 questions），31, 122, 137
intuition, verification 直觉的验证，12
involuntary 非自发的，142, 150

K

Kant, I. 康德，181
Katz, J. 卡茨，19 注①，67
knowing how 知道如何，14

knowing that 知道那个（另见 knowledge），14
knowledge 知识
　　brute fact conception of 的原始事实概念，50 ff.
　　inadequacy of 的不足，52—53
　　of facts 事实的（见 facts）
　　of rules 规则的（见 rules）

L

language 语言
　　philosophy 的哲学，18—19
　　　　vs. linguistic philosophy 与语言性哲学，3—4
　　theory of 的理论，17
language, as related to language and illocutionary acts 具体语言，跟抽象语言、行事行为的关系，39—40
langue 语言，17
Leibniz's law 莱布尼茨律，97，102
Lemmon, E. J. 莱蒙，189 注①
Lenin, V. I. 列宁，122 注
Lewis, C. I. 刘易斯，30
linguistic acts 语言性行为，16
linguistic characterizations 语言性描述，4 ff.，12 ff.，149，193
　　knowledge of 的知识，12 ff.
linguistic explanations 语言性解释，第一章第 2 节多处，15，149
linguistic intuition 语言直觉，13
　　fallibility of 的可错性，14

M

Mates, B. 梅茨，5 注②
meaning 意义，第二章第 6 节多处
　　and conventions 与规约，45
　　and parasitic discourse 与寄生话语，79

and use 与用法，第六章第 4 节
Grice's analysis of 的格莱斯的分析，43，49
　　limitations of 的局限，43—48
　　non-natural 非自然的，43
　　of sentences 句子的，18，21，48，49
　　　　understanding 理解，48，49
　　of words 词语的，137
　　　　condition of adequacy of analysis of 的分析的恰当条件，137—139
　　　　speech act analysis of 的言语行为分析，138—139
　　to have meaning 具有意义，42
　　to mean something 示意某事，表示……的意思，第二章第 6 节多处
　　　　intended effect of 的意图效果，44，47—49
　　to say something and mean it 言说某事并表示其意义，第二章第 6 节多处
mention 提及，第四章第 1 节多处
methodology, of the book 本书的方法论，15
Mill, J. S. 米尔，93 注①，163 及注，164 注①，170
Moore, G. E. 穆尔，65 注，132 及注①，175 及注②，176

N

negation 否定，32
　　illocutionary 行事的，32—33
　　propositional 命题的，32—33
nominalism 唯名论，103
　　and universals 与共相，第五章第 2 节
non-relational tie 非关系性纽带，113，114

O

object(s) 对象

as collections of properties 作为性质的集合，164
vs. concepts 与概念（见 concepts）
vs. facts 与事实（见 facts）
vs. properties 与性质，164
obligation 义务，56，60，68，177，178，179，180，181，182，184，185，189，190
Ockham's razor 奥卡姆剃刀，104
opaque contexts 隐晦的语境，79
oratio obliqua 间接叙述，196，197

P

parasitic discourse 寄生话语，78
and meaning 与意义，79
parole 言语，17
particulars 殊相（另见 subject expression），26，27，28，103，105，113，114
performatives 施为句，68
performative verbs 施为动词，30，137
speech act analysis of 的言语行为分析，137，139—140
perlocutionary act 取效行为，25，44，46
perlocutionary effect 事后效果，25，46，47，49，71
phrase marker, underlying 基础短语标记，31，120
Plato 柏拉图，77
Postal P. 波斯特尔，64 及注，96 注
predicate(s) 述谓，谓语（另见 expressions），113，114，115，118，119
and universals 与共相（另见 universals），第五章第 5 节
priority over universals 优先于共相，第五章第 5 节多处
to predicate 述谓，25，124
predication 述谓，23，24，26，57，122，第五章多处

conditions for 的条件，126
propositional act of 的命题行为，97，123
as a speech act 作为言语行为，第五章第 6 节
and truth 与真理，125
presuppose 预设，126，167，173
projection 投射，7 ff.
promises 允诺，第三章第 1 节多处
categorical 决然的，56
hypothetical 假设的，56
insincere 不真诚的，62
sincere *vs.* insincere 真诚的与不真诚的，60
pronouns 代词，25，28，81，96
possessive 所有格，28
proper names 专名，25，28，72，73，74，75，76，81，89，159，第七章第 2 节
class of logically 逻辑专名类，93
degenerate 蜕变的，173
descriptive content of 的描述内容，165，168
objections to 反对意见，166，168
in existential propositions 在存在命题中，164—165，165 注
and general terms 与概括词，167
institution of 的机制，74，174
and the principle of identification 与辨认原则，171，174
as having reference but not sense 有指称而无涵义，163 ff.
sense of 的涵义，163 ff.
of words 词语的，第四章第 1 节多处
properties 性质，100，105
and concepts 与概念（另见 concept, universals），99

existence of 的存在（另见 nominalism, expressions），98
natural *vs*. non-natural 自然的与非自然的，175
quantifying over 对性质的量化，98，102，103 ff.，106 ff.
referring to 指称，98
property names 性质名称，119—120
proposition(s) 命题，第二章第 4 节
communication of 的交际，92，171
existential 存在的，78，93，159，164
names of 的名称，74
subject-predicate 主语-谓语，第五章第 1 节，第五章第 4 节多处，118，119，121
term theory of 的项理论，第五章第 4 节
propositional act 命题行为（另见 reference, predication），24，25，26，29，72，159
propositional content 命题内容（另见 rules），30，57
propositional indicator 命题指示器，30，31
Proudhon, P. J. 蒲鲁东，186 注
Putnam, H. 帕特南，109 注

Q

quality 品质（另见 properties），105
quantification 量化（另见 commitment），94，106 ff.
over properties 对性质，98，101，103 ff.，106 ff.
question(s) 问题（另见 interrogatives），66，69，160，161，162
raising the 的提出，124 ff.，126，127
Quine, W. 蒯因，5 注①，8 及注②，9 注②，72 注，106 及注，107—113
Quinton, A. and M. 昆顿，169 注
quotation marks 引号，74，75，76

R

reference 指称
axioms of 的公理，第四章第 2 节
fully consummated 完全落实的，82
necessary conditions for 的必要条件，82—83，86
partially consummated 部分落实的，89
definite 有定的，28
categorical 决然的，81
failure of 的缺乏，158 ff.
identifying 辨认性，75
singular, speech act of 单数指称的言语行为，94 ff.，125，174
parasitic 寄生的，89，90，170
propositional act of 的命题行为，94 ff.，159 ff.
rules of 的规则，第四章第 8 节
singular definite 单数有定的，72
rules for 的规则，96
speaker 说话人，23
as a speech act 作为言语行为，第二章第 3 节多处，第四章多处
successful 成功的，82
referent 指称对象
primary 第一，81
secondary 第二，81，86
referring 指称，25，26
and intending 与意图，84，85，87，88
necessary conditions for 的必要条件（见 reference）
to particulars *vs*. universals 殊相与共相，120—121
propositional act of 的命题行为，81
function of 的功能，81—82
speech act of 的言语行为，28
Reichenbach, H. 赖兴巴赫，30

197

request 要求，66，68，69
rules 规则，13，15，16
 acting in according with 按照规则行动，34 注
 acts and conventions 行为与规约，39—41
 constitutive 构成性，第二章第 5 节多处，185，186
  as institutions 作为机制，第二章第 7 节多处
  as semantic rules 作为语义规则，37
 essential 基本的，63，66—67
 internalized 内化了，13
 knowledge of 的知识，40—42
 preparatory 准备的，63，66—67
 prepositional content 命题内容，63，66—67
 regulative 调节性，第二章第 5 节多处
 regulative vs. constitutive 调节性与构成性，33 ff.
 vs. regularities 与规律性，42
 semantic 语义的，22，37，48，49，96
 sincerity 真诚，63，66—67
 for singular definite reference 单数有定指称的（见 reference）
rule-governed behavior 规则管控的行为，12，16，21，第二章多处，尤见 39—42
Russell, B. 罗素，27 及注②，78 及注，83 及注②，157，158 及注，159—160，164 注②，165 注②
Ryle, G. 莱尔，142 及注，150

S

Saussure, F. de 索绪尔，17
Schneewind, J. 施内温德，58 注②
Searle, J. 塞尔，23 注①，126 注，158 注①，177 及注

semantic 语义的
 component 成分，64
 rules 规则（见 rules）
sense 涵义
 descriptive 描写性，192 ff.，196
 evaluative 评价性，192 ff.，196
 Frege's theory of 弗雷格的涵义理论，97 ff.，157
 of a proper name 专名的（另见 proper names），167 ff.
Sheffer, H. 谢费尔，30
Sluga, H. 斯卢加，99 注①
speech act(s) 言语行为，16，17，18，21，37，第五章第 6 节多处
 analysis of meaning 意义的分析，137 ff.
 content and function of 的内容与功能，125
state, psychological 心理状态，65
to state 陈述（另见 assert），66
statements 陈述（另见 assertions），29，153
 descriptive 描写性，132 ff.，148，154，175，176，183 ff.
 evaluative 评价性，132 ff.，148，154，175，176，183 ff.，196
 existential 存在性（另见 proposition），165
 identity 同一性，165
Strawson, P. F. 斯特劳森，8 注①，47 注，77，113 及注，114，120 注，126，137 及注②，153，158 及注②，159
subject 主语（另见 identifying, expressions, terms），114，118，119，165
surface structure 表层结构，28，30，31
synonymy 同义性，5—12，111

T

Tarski, A. 塔尔斯基，76 注
term(s) 项，113
    descriptive 描写性，133，134，135
    evaluative 评价性，133
    general 概括的，114—115，116，119，120
    particular 殊相，114
    predicate 述谓，谓语（另见 predicates, expressions），122
    singular 单数的，94
    theory of propositions 命题理论，第五章第 4 节
        objections to 反对意见，114，117—119
    universal 共相，114
thanks 感谢，67
Toulmin, S. 图尔明，137 及注④
Tractatus 《逻辑哲学论》，164
translation and underlying rules 翻译与基础规则，39—40
"true" "真的"，137，153—154
truth 真理（性），真相，真值，137，153—154
type 类型（另见 category），126

U

understand(ing) 理解（另见 meaning），43，46，47，48，49
the meaning of a general term 概括词的意义（另见 terms），104 ff.，119 ff.
universals 共相（另见 identifying），26，27，112，113，115，116，118，第五章第 5 节多处
    existence of 的存在，第五章第 2 节，114，115，119
Urmson, J. O. 厄姆森，132 及注②，134—136，151
use 使用，第四章第 1 节多处
utterance act 讲说行为，24，25

V

valid deductive argument 有效的演绎论证，133—135 多处
validity 有效性，132—135 多处
voluntary 自发的，142—145 多处，147，150

W

warn 警告，67
White, M. 怀特，5 注①
Whitehead, A. N. 怀特海，89 注
Wittgenstein, L. 维特根斯坦，10 及注，18，45 及注，55 注，71，93 及注②，141 及注①，152

Z

Zipf's law 齐夫定律，60

语言学及应用语言学名著译丛书目

句法结构（第2版）	〔美〕诺姆·乔姆斯基 著
语言知识：本质、来源及使用	〔美〕诺姆·乔姆斯基 著
语言与心智研究的新视野	〔美〕诺姆·乔姆斯基 著
语言研究（第7版）	〔英〕乔治·尤尔 著
英语的成长和结构	〔丹〕奥托·叶斯柏森 著
言辞之道研究	〔英〕保罗·格莱斯 著
言语行为：语言哲学论	〔美〕约翰·R.塞尔 著
理解最简主义	〔美〕诺伯特·霍恩斯坦 〔巴西〕杰罗·努内斯 著 〔德〕克莱安西斯·K.格罗曼
认知语言学	〔美〕威廉·克罗夫特 〔英〕D.艾伦·克鲁斯 著
历史认知语言学	〔美〕玛格丽特·E.温特斯 等 编
语言、使用与认知	〔美〕琼·拜比 著
我们的思维方式：概念整合与心智的隐匿复杂性	〔法〕吉勒·福柯尼耶 〔美〕马克·特纳 著
为何只有我们：语言与进化	〔美〕罗伯特 C.贝里克 诺姆·乔姆斯基 著
语言的进化生物学探索	〔美〕菲利普·利伯曼 著
叶斯柏森论语音	〔丹〕奥托·叶斯柏森 著
语音类型	〔美〕伊恩·麦迪森 著
语调音系学（第2版）	〔英〕D.罗伯特·拉德 著

韵律音系学	〔意〕玛丽娜·内斯波 〔美〕艾琳·沃格尔	著
词库音系学中的声调	〔加〕道格拉斯·蒲立本	著
音系与句法：语音与结构的关系	〔美〕伊丽莎白·O.塞尔柯克	著
节律重音理论——原则与案例研究	〔美〕布鲁斯·海耶斯	著
语素导论	〔美〕戴维·恩比克	著
语义学（上卷）	〔英〕约翰·莱昂斯	著
语义学（下卷）	〔英〕约翰·莱昂斯	著
做语用（第3版）	〔英〕彼得·格伦迪	著
语用学原则	〔英〕杰弗里·利奇	著
语用学与英语	〔英〕乔纳森·卡尔佩珀 〔澳〕迈克尔·霍	著
交互文化语用学	〔美〕伊斯特万·凯奇凯什	著
应用语言学研究方法	〔英〕佐尔坦·德尔涅伊	著
复杂系统与应用语言学	〔美〕戴安娜·拉森-弗里曼 〔英〕琳恩·卡梅伦	著
信息结构与句子形式	〔美〕克努德·兰布雷希特	著
沉默的句法：截省、孤岛条件和省略理论	〔美〕贾森·麦钱特	著
语言教学的流派（第3版）	〔新西兰〕杰克·C.理查兹 〔美〕西奥多·S.罗杰斯	著
语言学习与语言教学的原则（第6版）	〔英〕H.道格拉斯·布朗	著
社会文化理论与二语教学语用学	〔美〕雷米·A.范康珀诺勒	著
法语英语文体比较	〔加〕J.-P.维奈 J.达贝尔内	著
法语在英格兰的六百年史（1000—1600）	〔美〕道格拉斯·A.奇比	著
语言与全球化	〔英〕诺曼·费尔克劳	著
语言与性别	〔美〕佩内洛普·埃克特 萨利·麦康奈尔-吉内特	著
全球化的社会语言学	〔比〕扬·布鲁马特	著
话语分析：社会科学研究的文本分析方法	〔英〕诺曼·费尔克劳	著
社会与话语：社会语境如何影响文本与言谈	〔荷〕特恩·A.范戴克	著

图书在版编目(CIP)数据

言语行为:语言哲学论/(美)约翰·R.塞尔(John R. Searle)著;姜望琪译.—北京:商务印书馆,2023 (2025.3重印)
(语言学及应用语言学名著译丛)
ISBN 978-7-100-21953-2

Ⅰ.①言… Ⅱ.①约… ②姜… Ⅲ.①语言哲学—研究 Ⅳ.①H0-05

中国国家版本馆 CIP 数据核字(2023)第 035671 号

权利保留,侵权必究。

语言学及应用语言学名著译丛
言语行为——语言哲学论
〔美〕约翰·R.塞尔 著
姜望琪 译

商 务 印 书 馆 出 版
(北京王府井大街36号 邮政编码100710)
商 务 印 书 馆 发 行
北京盛通印刷股份有限公司
ISBN 978-7-100-21953-2

2023年6月第1版　　开本 880×1230　1/32
2025年3月北京第3次印刷　印张 7
定价:58.00元